Angst in Zeiten von Corona

AF236509

BoD

Evelin Dehl-Storbeck

Angst in Zeiten von Corona

ZWISCHEN FURCHT UND ANGST.
Religionswissenschaftliche Aspekte der Angsttheorien
von Freud, Riemann und Pfister

Bibliografische Information der Deutschen Nationalbibliothek:
Die Deutsche Nationalbibliothek verzeichnet diese Publikation in der
Deutschen Nationalbibliografie; detaillierte bibliografische Daten sind im
Internet über http://dnb.dnb.de abrufbar.

Foto auf dem Titel: Evelin Dehl-Storbeck, Acryl

Herstellung und Verlag: BoD – Books on Demand, Norderstedt

ISBN: 978-3-7534-5815-1

Zu diesem Buch

Bei diesem Buch handelt es sich um die Veröffentlichung einer
freien wissenschaftlichen Arbeit der Autorin zur Erlangung des
Grades eines Magister Artium. Eingereicht im Februar 1989 am
Religionswissenschaftlichen Institut im Fachbereich Philosophie
und Sozialwissenschaften II der FREIEN UNIVERSITÄT BERLIN
mit dem Titel „ZWISCHEN FURCHT UND ANGST.
Religionswissenschaftliche Aspekte der Angsttheorien von Freud,
Riemann und Pfister".
Der Text wurde nur unwesentlich verändert, jedoch wurde die
neue Rechtschreibung verwendet. Bei sämtlichen Zitaten wurde
selbstverständlich die Originalrechtschreibung beibehalten,
ebenso die Fußnoten. Die Quellennachweise befinden sich am
Ende des Textes.

Zur Autorin

Evelin Dehl-Storbeck wurde am 1. April 1951 in West-Berlin
geboren. Sie studierte Religionswissenschaft, Psychologie und
Spanisch an der Freien Universität Berlin. Von 1991 bis 2013
lehrte sie im Auftrag des Humanistischen Verbandes Deutschland
Lebenskunde an verschiedenen Grundschulen in Tiergarten
(Berlin-Mitte). Sie ist Humanistische Beraterin.

Zweifle nicht an dem,
der dir sagt er hat Angst,
aber hab Angst vor dem,
der dir sagt,
er kenne keinen Zweifel.
Erich Fried

Jage die Ängste fort
Und die Angst vor den Ängsten.
Mascha Kaléko

Einführung

Warum jetzt, nach über 30 Jahren, meine Magisterarbeit veröffentlichen? Die Antwort ist so einfach wie verwunderlich: die Angst hat in unserem Leben wieder Aktualität. Eine neue Aktualität. Für viele eine völlig neue Erfahrung.

Es ist erstaunlich, wie viele Menschen auf die Frage, ob sie Angst vor Covid-19 haben, antworten: „Nein, ich habe keine Angst". Es scheint, als ob Angst vor der Pandemie nicht gerne zugegeben wird. Tatsächlich ist das kein neues Phänomen: Furchtlosigkeit und fehlende Angstbereitschaft gehören schon immer zu den menschlichen Idealen. Aber ist es nicht gerade unsere Angst, die uns in dieser Pandemie den Lockdown unseres gesellschaftlichen und auch privaten Lebens akzeptieren oder zumindest hinnehmen lässt?

Dass wir ein englisches Wort dafür benutzen, verweist vielleicht schon auf unsere Angst. Ein Wort in einer fremden Sprache greift uns nicht so an, wir empfinden eine gewisse Distanz zu seiner Bedeutung. Und was meint eigentlich LOCKDOWN? Wörtlich übersetzt bedeutet das englische Wort „Ausgangssperre". Das ist ein unheilvolles Wort, es erinnert an den Krieg. Wir haben uns für den englischen Begriff entschieden. Lockdown bedeutet in der momentanen Situation für uns und übrigens auch für die Briten ganz etwas anderes: Es bedeutet das Herunterfahren unseres gesamten wirtschaftlichen, gesellschaftlichen und sozialen Lebens auf das Nötigste, und auch in Großbritannien musste das Wort erst mit diesem neuen Inhalt gefüllt werden. Wir befinden uns ja nicht in einer „Ausgangssperre" in dem Sinne, dass wir nicht vor die Tür gehen dürfen, zumindest nicht hier bei uns. Ganz anders sieht es in anderen Ländern aus, zum Beispiel in Spanien. Dort benutzt man dann auch tatsächlich das spanische Wort für Ausgangssperre „confinamento", meint damit aber nicht nur das in der Tat verordnete Ausgangsverbot, sondern ebenfalls das Herunterfahren aller Lebensbereiche, das Schließen der Bars und Restaurants, der meisten Geschäfte, der Kinos, Theater usw. Wir hier in Deutschland jedenfalls durften von Anfang an lebensnotwendige Dinge uneingeschränkt einkaufen gehen. Niemand kontrollierte, ob ich den Supermarkt an der Ecke dazu wählte oder den ein paar Straßen weiter: Lebensmittelgeschäfte, Drogeriemärkte und Apotheken hatten und haben geöffnet, ja sogar die Buchläden. Wir durften und dürfen spazieren gehen und selbst einzeln Freunde oder Verwandte besuchen. Die Kinos aber, die Theater, Shows, Kabaretts und Konzerthäuser sind zu, die Sport- und Schwimmhallen geschlossen. Kein Restaurantbesuch mehr, nicht einmal einen Kaffee trinken in dem kleinen Café an der Ecke. Wir können nicht ins Museum, in keine Ausstellung und auch nicht in den Zoo oder ins Aquarium. Teilweise waren sogar die Spielplätze gesperrt und Parkbänke blockiert, damit man sich ja nicht hinsetzte – warum eigentlich nicht? Wir haben Angst uns anzustecken und zu sterben oder davor, in irgendeiner Weise durch die besiegte Krankheit, wenn uns dies denn gelingen sollte, an ihren Folgen in unserem Körper zu leiden, was inzwischen „Long Covid" genannt wird.

Natürlich haben wir nicht nur Angst, selbst an Covid-19 zu erkranken, wir haben auch Angst, unsere Liebsten anzustecken. Und so isolieren wir uns, gehen uns aus dem Weg und geben vieles auf, was unser Leben bisher schön, interessant und lebenswert gemacht hat.

Eine Frau auf einer dieser Anti-Corona-Maßnahmen-Demonstrationen brachte es für mich dann auf den Punkt: Auf die Frage, warum sie hier sei, antwortete sie ganz schlicht: „Ich will nicht dauernd in Angst leben, darum bin ich hier und protestiere." Das war es also: Angst. Und Angst macht mit uns das Absonderlichste, sogar die Leugnung der Gefahr durch Corona und somit der Notwendigkeit der folglich als überflüssig oder übertrieben angesehenen Maßnahmen dagegen. Es ähnelt in auffälliger Weise der Leugnung des Klimawandels, der auch von vielen geleugnet oder bagatellisiert wird – weil er eben Angst macht.

Da kam mir meine Magisterarbeit in den Sinn: Zwischen Furcht und Angst. Ich holte sie hervor, las sie, und es hat mich erstaunt, wie aktuell alles klang und wie interessant plötzlich noch einmal die verschiedenen Aspekte der Angst und der Furcht waren.

Zum Beispiel zitiere ich da Paul Tillich, ein deutscher und später US-amerikanischer protestantischer Theologe und Religionsphilosoph. Er gehörte – zusammen mit Karl Barth, Dietrich Bonhoeffer, Rudolf Bultmann und Karl Rahner – zum Kreis einflussreicher deutschsprachiger Theologen in der ersten Hälfte des 20. Jahrhunderts. Er sagt, der von Angst ergriffene Mensch neige dazu, sich „Gegenstände der Furcht zu schaffen; denn der Furcht kann durch Mut begegnet werden." Die Angst jedoch entziehe „sich auch noch dem mutigsten Angriff." Das heißt, diese Frau, und mit ihr sicherlich sehr viele andere, verwandelt ihre Angst vor der Pandemie, gegen die sie sich machtlos fühlt, in eine

Furcht vor der Gefahr der Entstehung einer „Corona-Diktatur", wie es von vielen Corona-Leugnern und Demonstranten wegen der Maßnahmen der Regierung behauptet wird – neben vielen anderen hanebüchenen Theorien. Und so gelingt es diesen Menschen, der Angst vor der realen Gefahr der Pandemie zu entkommen.

Das führt uns direkt zu meiner Arbeit, die ich mit der Erläuterung der Bedeutung der beiden Begriffe „Furcht" und „Angst" beginne. Es folgt ihre Darstellung sowie Interpretation in der Philosophie und ihre unterschiedliche Gewichtung. Tillich ordnet darüber hinaus die verschiedenen Ängste den verschiedenen Epochen der Geschichte zu. Ich habe mich gefragt, ob wir wieder, wie in einem Kreis, in der Angst der Antike angelangt sind, wo die Angst vor Schicksal und Tod im Mittelpunkt stand. Diese Pandemie zeigt uns jedenfalls so deutlich wie seit vielen Jahren nicht mehr, wie zutiefst wir Menschen unseren Ängsten ausgeliefert sind, wenn wir es mit etwas zu tun haben, das wir nicht kennen, demgegenüber wir also unwissend sind, und das wir weder einschätzen noch beherrschen können. Das bringt dann auch bei einigen irrationale Reaktionen hervor.

Schließlich wende ich mich in meiner Arbeit der Psychologie zu, hier ganz speziell den Bemühungen der Psychoanalyse, Angst zu bekämpfen, gar aufzulösen. Freud selbst war der Überzeugung, das Angstfreiheit möglich sei. Er glaubte dabei an die Macht der Vernunft und die Erfolge der Wissenschaft. Der Psychoanalytiker Riemann (1902-1979) hingegen war der Meinung, dass der wissenschaftliche Fortschritt zwar viele Ängste des Menschen beseitigen werde, er aber neue Ängste zur Folge haben wird.

In unserer gegenwärtigen Situation erleben wir genau das, und es wird noch viel zu tun geben. Ganz besonders bei den jungen Menschen, die anfangs gar nicht groß im Fokus standen, auf die wir aber zunehmend aufmerksam werden und hier speziell die Schüler und Schülerinnen, die plötzlich zu Hause per Videokonferenz lernen sollen und keinen Kontakt untereinander haben dürfen, gerade aber in ihrem Alter dringend den direkten körperlichen und geistigen Umgang mit Gleichaltrigen brauchen, um ihre Identität zu finden und erfolgreich erwachsen zu werden. Welche Auswirkungen das hat und welche Ängste bei ihnen entstehen, beginnen wir gerade erst zu ahnen.

Schließlich komme ich in meiner Arbeit auf die Angst in den Religionen zu sprechen, die einerseits für viele Menschen eine Hilfe anbieten, Ängste zu bewältigen, auf der anderen Seite schon immer eine Quelle von Ängsten gewesen sind.

Und wenn der mit der psychoanalytischen Methode arbeitende Seelsorger Oskar Pfister (1873-1956) sagt: „Ich muß gestehen, daß ich bei aller Freude an den Fortschritten der Wissenschaft und Technik an die Suffizienz und Tragfähigkeit dieser Lösung des Lebensproblems nicht glaube", dann sind wir wieder ganz in der Gegenwart.

Die Pandemie ist da. Wir haben es mit einer realen Gefahr zu tun und in deren Folge also, um mit Sigmund Freud zu sprechen, mit Real-Angst. Wie gehen wir nun damit um?

Ich habe keine Lösung anzubieten, nur meine Arbeit, die vielleicht hilft, sich mit dieser Thematik auseinanderzusetzen oder zumindest einen kleinen Denkanstoß gibt.

Berlin, im April 2021

ZWISCHEN FURCHT UND ANGST.
Religionswissenschaftliche Aspekte der
Angsttheorien von Freud, Riemann und Pfister

INHALT

Einleitung

Das Studium der verschiedenen Auffassungen Freuds über die Angst und die Frage, welche Bedeutung die Angst und vor allem die Angstüberwindung in der christlichen Religion hat, bildeten den Ausgangspunkt für die vorliegende Arbeit.

Ich werde zunächst den Begriff Angst in seinen allgemeinen Zusammenhängen wie Begriffsklärung, Erscheinungsbild und Sprachgeschichte darstellen sowie einen kurzen Überblick über die Bedeutung und Bewertung der Angst in den verschiedenen Epochen der westlichen Philosophie und Religion geben. Hierbei werde ich mich weitgehend an dem Artikel „Angst" für das Handbuch religionswissenschaftlicher Grundbegriffe von Renate Schlesier orientieren, und ich möchte Frau Schlesier an dieser Stelle danken, dass sie mir ihr Manuskript so bereitwillig zur Verfügung gestellt hat.[1]

Anschließend werde ich Sigmund Freuds Angsttheorie ausführlich erläutern und zeigen, was Angst nach Freuds Auffassung ist, wie sie entsteht, wie sie bewältigt bzw. scheinbar bewältigt wird. Freud unterscheidet zwischen Realangst und neurotischer Angst. Er war der erste, der die neurotische Angst, die „nicht normale", krankhafte Angst ernst nahm, und schließlich zeigte, dass sich hinter ihr eine reale Ursache verbirgt, das heißt, dass sie ebenso wie die Realangst ein Konflikt ist, der aufgelöst werden kann. Seine methodischen und theoretischen Fundamente haben sich nach Wolfgang Loch bis heute als „fest gegründet und tragfähig erwiesen",[2] und die Psychoanalyse Freudscher Schule ruht immer noch auf ihnen.

Im 3. Kapitel werde ich die Lehre von der persönlichkeitsprägenden Wirkung der Angst vorstellen, wie sie vom Psychoanalytiker Fritz Riemann 1976 entwickelt worden ist.[3] Riemann wurde 1902 geboren. Er praktizierte in Berlin und München als Psychoanalytiker und wurde dort Dozent sowie Lehranalytiker im Institut für psychologische Forschung und Psychotherapie. Er starb 1979.

Im Gegensatz zu Freud schließt sich Riemann der Auffassung der Existentialisten an, für die die Angst eine „Grundbefindlichkeit" (Heidegger) des Menschen ist, und er geht ebenso wie Paul Tillich davon aus, dass die Angst ontologisch begründet und verursacht sei und Angstfreiheit eine Illusion.[4]

In ca. dreißig Jahren praktischer Erfahrung mit der Psychoanalyse hat Riemann die Auffassung gewonnen, dass sich hinter den verschiedenen individuellen Ängsten existentielle Ängste verbergen, die er „Grundängste" nennt, von denen sich niemand befreien kann. Diese Auffassung der Angst Riemanns werde ich darlegen, wobei es mir weniger darum geht, seine Fallgeschichten von neurotischen Patienten zu referieren als vielmehr die allgemein menschliche Bedeutung der Riemannschen Grundängste für den Menschen darzustellen, die sich nach seiner Auffassung in einer bestimmten Charakterstruktur manifestieren und denen er auch durchaus eine positive Kraft zuschreibt. Wie Paul Tillich so ist auch Riemann davon überzeugt, dass zwischen neurotischer oder, wie Tillich es nennt, „pathologischer" Angst und existentieller Angst unterschieden werden muss. – Ich werde mich in meiner Arbeit immer wieder auf die Schrift Tillichs „Der Mut zum Sein" beziehen, ohne diese jedoch darzustellen.

Im 4. Kapitel werde ich die Auffassung der Angst des Schweizer Theologen Oskar Pfister vorstellen und zeigen, wie er mit Hilfe der psychoanalytischen Methode die Angst, der er bei seiner seelsorgerlichen Tätigkeit immer wieder begegnet, zu überwinden hilft. Pfister wurde 1873 in einem Vorort von Zürich geboren. Er studierte in Zürich und Basel Theologie und promovierte in Berlin zum Dr. phil. Er war über dreißig Jahre Pfarrer und widmete sich seiner seelsorgerlichen Arbeit mit großer Hingabe. Dreimal hat er eine akademische Laufbahn abgeschlagen, weil er die Pastoraltheologie als seine eigentliche Berufung ansah.[5] Er stand zwar der Aufklärung mit gewissen Vorbehalten gegenüber. So schreibt er in einem Brief an Freud: „»Reine« Erfahrung ist in meinen Augen sowieso eine Fiktion, und wenn wir die Geschichte der Wissenschaften überblicken, so sehen wir, wie dubios die Wirklichkeit ist, die in unserer so genannten Erfahrung steckt. Und auch diese Mischung von Illusion und Wahrheit, die wir »Erfahrung« nennen, gewinnen wir nur mit Hilfe von transempirischen Annahmen. [...] Der Nur-Empiriker ist in meinen Augen ein Nonsens, [...]."[6] Dennoch lehnte er sich an Freuds Auffassung an, dass Angst ein Konflikt ist, der bewältigt werden kann. „Aufgrund seiner ausführlichen theologischen und praktischen Beschäftigung mit der Psychoanalyse wurde er einer der ersten »Laienanalytiker«.[7] Pfister starb 1956.

Für Pfister ist jedoch völlige Angstfreiheit nicht das unbedingte Ziel seiner analytisch-seelsorgerischen Tätigkeit: „Vom Standpunkt des Christen aus gesehen gilt zunächst einmal der Grundsatz, **die Angst nicht unter allen Umständen radikal auszurotten,** sondern mit ihr umzugehen, dass sie die Liebe zu Gott, dem Menschen und sich selbst möglichst wenig beeinträchtigt oder sie sogar bestmöglich fördert."[8] Hier deutet sich einerseits schon an, dass für Pfister die Liebe eine bedeutende Rolle spielt, und in der Tat steht sie im Mittelpunkt seines gesamten philosophischen und theologischen Denkens. Er sieht sie verkörpert in Jesus, der für ihn »ganz nur Liebe und Erbarmen gewesen« und »der große Erlöser von der Angst«[9] ist. Andererseits wird hier die „Mittelstellung" Pfisters erkennbar, die er zwischen Freud und Riemann einnimmt, und die ich in meiner Arbeit deutlich zu machen gedenke. Während für Freud die Angst ausschließlich ein Konflikt und somit zumindest theoretisch lösbar ist, gilt Riemann Angstfreiheit als eine Illusion, die dem Wesen des Menschen widerspricht. Pfister dagegen, der Theologe, vertritt die Position, dass die Angst zwar prinzipiell lösbar sei im Sinne Freuds, aber Angstfreiheit trotzdem nicht unbedingt das Ziel sein muss, sondern, im Gegenteil »ein bisschen« Angst könnte vielleicht sogar förderlich wirken bei der Bemühung des Menschen, die Gottes-, Menschen- und Selbstliebe zu fördern.

ALLGEMEINES

DEFINITION

Angst wird im allgemeinen als ein Gefühl der Enge und Beklemmung definiert, als ein Zustand, in dem der Mensch in seinem wesentlichen Sein selbst bedroht ist.[10] „Die Unsicherheit, Instabilität, Gefährdetheit der menschlichen Existenz, die Ungewissheit des Zukünftigen, die nie ganz auszuschließende Gefahr einer Veränderung zum Schlechteren, schließlich die Sterblichkeit, bilden die objektive Grundlage der Angst."[11]

Subjektiv wird Angst immer dann erfahren, wenn der Mensch an seine Grenzen stößt, das heißt, wenn er in oder vor eine neue, ihm unbekannte Situation gestellt wird, in der er auf nichts zurückgreifen kann, was ihm eine gewisse Sicherheit geben könnte. Die Psychologie spricht in diesem Zusammenhang von Angst als nicht gelöster Furcht, die Hilflosigkeit bzw. Handlungsunfähigkeit zur Folge hat. Diese Situation kann eine reale sein, das heißt eine Gefahr ist wirklich und dem Bewusstsein zugänglich, oder aber es wird eine unbestimmte Angst empfunden, die auf keine reale Gefahr zurückgeführt werden kann und die „von der Art der Bedrohung und ihrer Ursache nichts weiß."[12]

Alle Erscheinungsformen der Angst können sowohl individuell als auch kollektiv erfahren werden, und sie können innerhalb wie außerhalb religiöser Zusammenhänge auftauchen.

ERSCHEINUNGSBILD

Angst kann als ortloses inneres, aber auch als örtlich lokalisiertes Gefühl auftreten",[13] zum Beispiel in den Atmungsorganen, in der Brusthöhle, im Kopf. Sie ist meist mit extremen körperlichen Begleiterscheinungen verbunden, die zwischen Beklemmung und besonderer Unruhe, Verkrampfung und Erregung, völliger Lähmung und heftigen Bewegungsstürmen schwanken können. Man kann vor Angst erstarren, und die Luft bleibt einem weg, oder man läuft vor Angst schreiend davon.

Ihre Auswirkungen sind weitgehend unkontrolliert. Weinen, Zittern, Zähneklappern sowie Reaktionen der Haut, besonders der Schleimhäute, sind typische Begleiterscheinungen. Es bricht Angstschweiß aus und die Kehle wird trocken oder aber die Kontrolle über die Schließmuskulatur geht verloren; man spricht von der Angst im Bauch und davon, dass einer »Schiss« hat.

Die Widersprüchlichkeit der körperlichen Auswirkungen der Angst ist für sie besonders charakteristisch. Sie kann Organtätigkeiten stark mindern oder intensivieren; sie kann Kälte wie Hitze, Feuchtigkeit wie Trockenheit produzieren. „Zwanghaftes Schweigen wie Reden, gehemmte wie stark angeregte Phantasietätigkeit, Schlaflosigkeit wie Schwindelanfälle gehören zum bei Angst auffälligen Erscheinungsbild."[14] Auch ist mit ihr oft ein Gefühl der Hilflosigkeit, des Ausgeliefertseins verbunden. Rationale Fähigkeiten oder die Sprachbeherrschung werden blockiert; man vergisst aus Angst, oder man fängt an zu stottern.

Ebenso wie Angst seelisch unlustvoll als Schmerz und Qual empfunden wird, kann sie auch als „lustvolles, ‚süßes' Gefühl ‚banger Erwartung' verspürt werden und in der Freude am Risiko herbeigesehnt werden."[15] Bei den Gebrüdern Grimm erscheint der Begriff Angst als Synonym für Sehnsucht: „Ja auch die Götter selbst hat oftmals weiber angst (sehnsucht nach weibern) aus ihrer burg gejagt [...]"[16] Diese Auffassung ist interessant im Zusammenhang mit Freuds Deutung der Angst von kleinen Kindern vor fremden Personen als Sehnsucht nach der Mutter, „[...] das Kind erschrickt vor der fremden Gestalt, weil es auf den Anblick [...] der Mutter eingestellt ist. Es ist seine Enttäuschung und Sehnsucht, welche sich in Angst umsetzt."[17]

Ein gewisses Maß an Angst und Druck kann die Lern- und Leistungsfähigkeit des Menschen erhöhen, ein Übermaß jedoch wird diese Fähigkeiten zerstören. Als „psychische Folgeerscheinung der Angst" können „Trübung des Bewusstseins, Lähmung des Willens, Flucht in sinnlose Handlungen, rücksichtslose Gewaltakte gegen sich und andere",[18] die sogenannten Handlungen im Affekt, beobachtet werden.

SPRACHGESCHICHTE – ANGST/FURCHT

Sprachgeschichtlich gehört das Wort ANGST (mittelhochdeutsch *angest,* althochdeutsch *angust,* niederländisch *angst)* im Sinne von „Enge, Beklemmung" zu der indogermanischen Wortgruppe von **eng**. Dieses gemeingermanische Adjektiv (mittelhochdeutsch *enge*, althochdeutsch *engi*, gotisch *aggwus*, altenglisch *enge*, norwegisch *ang*) gehört mit seinem in niederhochdeutsch *bange* erhaltenen Adverb (mittelhochdeutsch *ange*, althochdeutsch *ango*) zu der indogermanischen Wurzel **angh-** „eng, einengen, zusammendrücken oder -schnüren."[19]

Das griechische *ágchein* erdrosseln, würgen, das lateinische *angere* beengen, *angor* würgen, Beklemmung, *anxietas* und *angustia* Enge, Engpass, Mangel sind einige der zahlreichen urverwandten Wörter ähnlicher Bedeutung, die in den verschiedensten indogermanischen Sprachen existieren. Aus einer Weiterbildung der Wurzel entstanden im Deutschen Angst, im Altindischen *ámhas-* : Angst, Bedrängnis, im Lateinischen *angustiae*: Enge, Klemme und daraus das italienische *angoscia*, das französische *angoisse*, das spanische *angustia* und das englische *anguish*. „Die Bedeutung der Wortgruppe umfasst [...] schon früh körperliche wie seelische Einengung."[20]

Das Wort FURCHT (mittelhochdeutsch *vorhte*, althochdeutsch *forhta*, englisch *fright*) steht neben dem altgermanischen Verb fürchten (mittelhochdeutsch *vürhten*, althochdeutsch *furhten*, *furihtan*, gotisch *faurhtjan*). Die Herkunft und außergermanischen Beziehungen dieser Wörter sind nicht gesichert. Von Furcht werden furchtbar (mittelhochdeutsch *vorhtebære)*, furchtlos, furchtsam und ehrfürchtig, gottesfürchtig abgeleitet.[21]

Im Duden für sinn- und sachverwandte Wörter[22] findet man unter fürchten: "→ Angst [haben], → vermuten; weder Tod noch Teufel f. → mutig [sein]; sich vor seinem eigenen Schatten f. → ängstlich [sein]". Das heißt, hier wird das Verb *fürchten* gleichgesetzt mit *Angst haben*. Es wird kein Unterschied gemacht zwischen *fürchten* in „weder Tod noch Teufel fürchten" und *sich fürchten* in „sich vor seinem eigenen Schatten fürchten". Beide Male wird es als Angst haben bzw. keine Angst haben verstanden. Setzt man für das erste Beispiel einen positiven Inhalt, nämlich „Du sollst Gott fürchten", stünde dieses synonym für „Du sollst Dich vor Gott fürchten".

Dagegen findet man bei Mackensen,[23] dass „Gott fürchten" heißt: „Ehrfurcht haben vor Gott", wobei Ehrfurcht bei ihm als „Furcht des Herrn" mit „Verehrung Gottes" und „Gott fürchten" mit „verehren" definiert ist.

Für alle Angst-Erfahrungen wird jedoch im deutschen Sprachgebrauch unterschiedslos das Wort Angst ebenso verwendet wie das Wort Furcht. „Des Lebens Ängsten, er wirft sie weg, hat nichts mehr zu fürchten, zu sorgen" (Schiller, „Wallensteins Lager", 11. Auftritt). Auch in der Bibel sind die Wörter Angst und Furcht quasi Synonyme. Die Aufforderung: „Fürchtet Euch nicht!" oder die Frage: „Was ängstigt Ihr Euch?" beziehen sich auf den gleichen Affekt.

„Furcht kann gesteigerte Angst, Angst kann gesteigerte Furcht meinen, beide können zum Mut in Gegensatz treten. [...] Angst wie Furcht richten sich auf mögliche Bedrohung, Schaden, Unglück und sind nicht notwendig mit Feigheit verbunden."[24] Im Wörterbuch der Gebrüder Grimm heißt es: „Warum sollte nicht auch heute den mutigsten Krieger manches ängsten, ohne dasz ihn die geringste feigheit anwandelt?"[25] Beiden gemeinsam ist „eine quälende, in Aufregung versetzende Sorge, die Kräfte für kühnes Handeln binden oder außerordentliche Leistungen sogar erst freisetzen kann".[26]

Trotz aller Gemeinsamkeiten wurde und wird noch immer versucht, beide Begriffe terminologisch zu unterscheiden. Den größten Einfluss in diesem Vorhaben übte der dänische Theologe und Philosoph Sören Kierkegaard (1813-1855) aus. Nach Kierkegaard ist Angst immer auf eine unbestimmte Gefahr gerichtet und Furcht immer auf eine bestimmte. Diese Differenzierung hat sich besonders in der existentialistischen Philosophie und Theologie durchgesetzt, wo zwischen „dem Affekt der (momentanen) Furcht und der Angst als menschlicher Grundbefindlichkeit (Heidegger)"[27] unterschieden wird.

Im Allgemeinen wird Furcht zwar ebenso wie Angst als das Gefühl des Bedrohtseins definiert, doch eben Bedrohtsein durch etwas Bestimmtes. Furcht hat im Gegensatz zu Angst „noch einen Moment der Distanz, der Ausweich- und Abwehrmöglichkeit in sich, [wogegen] das eigentlich Ängstende [...] die Ausgeliefertheit an das Bedrohende, sei es bestimmt oder unbestimmt, [ist]. (Freilich macht uns das Unbestimmte, Unangreifbare von vornherein wehrlos.)"[28] Bei Paul Tillich findet sich die Auffassung, dass der von der Angst ergriffene Mensch dazu neige, sich „Gegenstände der Furcht zu schaffen [...], denn der Furcht kann durch Mut begegnet werden." Die Angst jedoch in ihrer Nacktheit entziehe „sich auch noch dem mutigsten Angriff".[29]

Ein weiteres Unterscheidungsmerkmal zwischen Angst und Furcht ist einerseits die Betonung der Bezogenheit der Angst auf das gefährdete, sich ängstigende Subjekt im Gegensatz zur Furcht, die sich auf das Wovor, das gefahr- und damit angstauslösende Objekt bezieht. Andererseits die zeitliche Zuordnung: „Furcht ist mehr auf die Zukunft gerichtet als Angst."[30] „[...] Sobald aber das Gefürchtete eintritt oder wir es auch nur als eintreffend uns vergegenwärtigen, packt uns die Angst."[31]

Tatsächlich ist es so, dass die Probleme, Furcht und Angst eindeutig zu definieren und terminologisch zu unterscheiden, bis heute ungelöst sind. Sie haben darüber hinaus noch zu einem weiteren Problem geführt, nämlich dem ihrer Bewertung.

So bewerten Kant, Hegel und Nietzsche die Furcht höher und fassen sie als Steigerung der Angst auf, wohingegen bei Schelling, Kierkegaard und Heidegger die Angst der geringer geachteten Furcht übergeordnet ist. Das bedeutet, dass es in der Nachfolge der verschiedenen philosophischen Richtungen – auf der einen Seite die Daseinsphilosophie auf der anderen Seite die Existenzphilosophie – eher zu mehr Verwirrung als zu einer Klärung in Bezug auf die Deutung und Bewertung sowie die Unterscheidung und Abgrenzung der Begriffe Angst und Furcht gegen- und voneinander gekommen ist.

DIE ANGST IN DER PHILOSOPHIE

Innerhalb der Tradition der westlichen Philosophie und Theologie werden sowohl Angst als auch Furcht „überwiegend negativ bewertet".[32] „In jedem von uns", so sagt Ernst Benz, „lebt ein Prometheus, dem es äußerst unangenehm und peinlich ist, Angst haben zu müssen, und der sich gegen die Angst wehrt."[33] Furchtlosigkeit und fehlende Angstbereitschaft gehören seit alters her zu den menschlichen Idealen. In den Mythen sind es die Heroen, die mit Hilfe der Götter mutig Gefahren bestehen und Ungeheuer besiegen. Jedoch schließt die „ethische Ablehnung der Furcht bei den Vorsokratikern, bei Platon und Aristoteles [...] die Anerkennung ihrer unabweisbaren Macht ein, die sie mit allen den Menschen bewegenden Affekten und Leidenschaften gemeinsam haben."[34]

„Seit Demokrit und Epikur sowie in der Stoa und in der Neuzeit, vor allem bei Descartes"[35] (1596-1650) wird die Überwindung der Furcht angestrebt, und erst Spinoza (1631-1677) plädiert für eine Anerkennung der Furcht als eines Affektes, dem der Mensch u.a. unterworfen ist und der also zu ihm gehört.

Bei Jakob Böhme (1575-1624) wird zum ersten Mal eine Umwertung der Angst in ein Positivum sichtbar. Angst ist bei ihm ein uneingeschränkt zu bejahendes Lebens- und Glaubensfundament. „'[...] Denn ohne die Angst ist kein Leben, ... sonderlich im Menschen' Der Mensch **muß** ,sich ängsten', das heißt ,mit großem Sehnen die Freiheit begehren', um ,der Angstqual erledigt zu werden' [...] (Sechs theos. Punkte, I)."[36]

An Jakob Böhme schließt sich Friedrich Schelling (1775-1854) an; für ihn ist die Angst in den „Weltaltern" die „Grundempfindung jedes lebenden Geschöpfs". In den Briefen über Dogmatismus und Kritizismus spricht der junge Schelling „von den ‚Schrecken der objektiven Welt', die die Menschen ‚überfallen', wenn er die subjektiv-rationalen Schranken seiner Welt aufhebt".[37] Hegel (1770-1831) schreibt in seinem Gedicht „Eleusis": „Dem wiederkehrenden Gedanken **fremdet**, ihm graut vor dem Unendlichen, und staunend faßt er dieses Anschauns Tiefe nicht."[38]

Mit Sören Kierkegaards Schrift „Der Begriff der Angst", die 1844 veröffentlicht wurde, beginnt die neuere psychologische Behandlung der Angst. Der Mensch ist laut Kierkegaard „eine Synthesis des Seelischen und des Leiblichen".[39] Sie werden vereinigt, getragen im Geist.

Der noch unwissende, nicht als Geist, sondern seelisch, das heißt „in unmittelbarer Einheit mit seiner Natürlichkeit"[40] bestimmte und daher unschuldige Mensch befindet sich im Zustand der Ruhe und des Friedens. Da ist nichts, was Unfriede und Streit ist. Jedoch dieses Nichts „gebiert Angst. Da ist die tiefe Heimlichkeit der Unschuld, sie ist zugleich Angst".[41] Sie ist zugleich Angst, weil „ihre Unwissenheit auf Nichts geht. Hier ist kein Wissen von Gut und Böse usw., sondern die gesamte Wirklichkeit des Wissens spiegelt sich in der Angst als das ungeheuerliche Nichts der Unwissenheit".[42]

„Diese Angst, welche in der Unschuld gesetzt ist, ist denn fürs erste keine Schuld",[43] sagt Kierkegaard und nennt damit die Kernfrage seiner sämtlichen Überlegungen:

Inwieweit ist der Mensch schuldig – unschuldig? Kierkegaard rekurriert auf den Sündenfall und damit auf die Erbsünde. Adam, noch unschuldig, konnte zwar in seiner Unwissenheit Gottes Verbot: „Nur von dem Baume der Erkenntnis darfst du nicht essen", (1. Mose 2,17)[44] nicht verstehen, aber dieses Verbot erweckte in ihm ein Wissen von der Möglichkeit der Freiheit. Die auf dieses Verbot folgende angedrohte Strafe, „denn sobald du davon issest, mußt du sterben" (1. Mose, 2,17), rückt „die unendliche Möglichkeit zu können [...] dadurch näher, dass diese Möglichkeit eine Möglichkeit als ihre Folge aufzeigt".[45]

Adam in seiner Unschuld und Unwissenheit versteht das Gesagte zwar nicht, er fasst eben nur „die Vorstellung des Entsetzlichen".[46] Er „hat somit wiederum nichts als die Zweideutigkeit der Angst".[47] „Solchermaßen ist die Unschuld zum Äußersten gebracht. Sie ist mit der Angst im Verhältnis zum Verbotenen und zur Strafe. Sie ist nicht schuldig, dennoch ist da eine Angst, als wäre sie verloren."[48] Diese Angst war nach Kierkegaard die Voraussetzung für den Sündenfall, und die Folge des Sündenfalls war eine zweifache, „daß die Sünde in die Welt gekommen ist und daß das Geschlechtliche (Sexuelle) gesetzt worden ist".[49]

Wie aber wird nach Kierkegaard der Unschuldige schuldig? Indem er in der Angst, dieser bedrohlichen und zugleich verführerischen fremden Macht – Kierkegaard nennt sie **„eine sympathetische Antipathie und eine antipathetische Sympathie**"[50] – versinkt, anstatt sie zu überwinden. Kierkegaard plädiert also für die Annahme der Angst zum Zwecke ihrer Überwindung, denn „nur diese Angst ist schlechthin bildend kraft des Glaubens".[51] Glauben ist für Kierkegaard im Hegelschen Sinn „die innere Gewißheit, welche die **Unendlichkeit vorwegnimmt**".[52] „So tritt die Angst in seine Seele hinein, und durchsucht alles und ängstet das Endliche und Kleinliche aus ihm heraus."[53]

„Erst der, welcher die Angst der Möglichkeit durchgangen hat, [...] sei dazu gebildet, sich nicht zu ängstigen",[54] fährt Kierkegaard fort, und „Möglichkeit" ist ihm dabei nicht die bessere Möglichkeit gegenüber der schrecklichen Wirklichkeit, sondern „in der Möglichkeit ist alles gleich möglich [...), das Entsetzliche genausogut [...] wie das Freundliche".[55] Nur wer es „in Wahrheit gelernt" hat, „sich zu ängsten, [...] wird wie im Tanze schreiten, wenn der **Endlichkeit** Ängste aufzuspielen beginnen".[56] Paul Tillich sagt dazu: „Angst ist Endlichkeit erfahren als unsere eigene Endlichkeit."[57]

Kierkegaard gelangt mit seiner sogenannten „schlichte[n] psychologisch-andeutende[n] Überlegung" bis in die nächste Nähe der modernen Tiefenpsychologie; es fehlt ihm jedoch die Kategorie des *Unbewussten* im Sinne der Psychoanalyse. Die Sinnlichkeit bleibt ihm daher „ein unerklärliches Rätsel, das ängstigt."[58] Auch die „Angst als Folge derjenigen Sünde, welche das Ausbleiben des Sündenbewußtseins"[59] ist, wird von ihm erörtert, kann aber, da ihm der Begriff des *verdrängten Schuldgefühls* fehlt, nicht hinreichend erklärt werden. So findet Kierkegaard keine Erlösung von der Angst ohne den Glauben. „Mit Hilfe des Glaubens erzieht die Angst die Individualität dazu, in der Vorsehung auszuruhen."[60] „Im Verhältnis zur Schuld" wird der Mensch, der „durch die Angst erzogen wird, [...] erst ausruhen in der Versöhnung."[61]

Kierkegaard selbst findet die Ruhe nicht; er stirbt, körperlich und seelisch zerrüttet, im Alter von 42 Jahren an einem Schlaganfall.

In der Existenzphilosophie, die gemeinhin als die Philosophie des 20. Jahrhunderts gilt und die auf die Philosophie Kierkegaards zurückgeht, wird die Angst, namentlich bei Heidegger (1889-1976), zur „Grundbefindlichkeit" der menschlichen Existenz deklariert: „'Was beengt, ist nicht dieses oder jenes, aber auch nicht alles Vorhandene als Summe, sondern die Möglichkeit von Zuhandenem überhaupt, d.h. die Welt selbst', während die Furcht vor der Bedrohung durch etwas **in der** Welt ausgelöst wird. 'Wovor die Angst sich ängstet, ist das In-der-Welt-Sein selbst. Das Sichängsten erschließt ursprünglich und direkt die Welt als Welt.' Heidegger fordert den 'Mut zur Angst'. Das 'Zurückweichen vor', das in der Angst liegt, ist für ihn 'kein Fliehen mehr, sondern eine gebannte Ruhe' (Was ist Metaphysik, 1929), ein Aushalten im Anblick des Nichts."[62]

In den philosophischen Spekulationen der Existentialisten, vor allem bei Karl Jaspers, Jean-Paul Sartre, Albert Camus und Paul Tillich über das Sein bzw. das Nicht-Sein, das Nichts, die Unendlichkeit, die Sinnlosigkeit u.a. spielt die Angst eine hervorragende Rolle. Aber auch wenn die Angst nicht auf den ersten Blick als leitendes Thema erkennbar ist, dient fast alle philosophische und religiöse Auseinandersetzung mit der Welt als Versuch der Angstbewältigung.

Paul Tillich hat in seiner Schrift „Der Mut zum Sein" drei Typen der Angst dargestellt und sie den verschiedenen Epochen der menschlichen Geschichte zugeordnet. So sei die große Angst der Antike die Angst vor Schicksal und Tod, die beherrschende Angst im Mittelalter die Angst vor Schuld und Verdammnis, und Leere und Sinnlosigkeit sei es, was in der Neuzeit hauptsächlich Angst auslöse.

Hermann Glaser nennt das 20. Jahrhundert „ein Jahrhundert der Aggression und der Angst".[63] Die rigorose kulturelle Sexualmoral der Jahrhundertwende und die dominierende patriarchalische Gesellschaftsordnung, die die Emanzipation der heranwachsenden Generation unterdrückte, äußerte sich in neurotischen Symptomen wie Hysterie und Perversion, hinter denen die Angst stand. Die Angst vor einer gesellschaftlichen Entwicklung, die immer mehr Abhängigkeit einerseits und Isolation des Einzelnen andererseits mit sich brachte und die den Menschen seiner Arbeit, seinen Mitmenschen und letztlich sich selbst in zunehmendem Maße entfremdete. „Der Vorteil des einen ist oft der Nachteil des anderen. Das seelische Resultat dieser Situation besteht in einer allgemeinen feindlichen Spannung zwischen den Einzelnen. Jeder ist der wirkliche oder potentielle Konkurrent jedes anderen. [...] Der Wettbewerb ist einer der allerwesentlichsten Faktoren in sozialen Beziehungen. Er durchdringt die Beziehungen von Mann zu Mann, von Frau zu Frau, und ob der Anlaß des Wettbewerbs Popularität, Kompetenz, Anziehungskraft oder irgendein anderer sozialer Wert ist, er erschwert die Möglichkeiten einer verläßlichen Freundschaft beträchtlich."[64]

Freud, der die Seele der Menschen, die mit ihren nervösen Störungen zum ihm kommen, zu analysieren beginnt, nennt die Angst einen „Knotenpunkt", „an welchem die verschiedensten und wichtigsten Fragen" zusammentreffen. Für ihn ist Angst das „Rätsel, dessen Lösung eine Fülle von Licht über unser ganzes Seelenleben ergießen müßte".[65]

DIE ANGST IN DER RELGION

In der europäischen Religionsphilosophie und Religionskritik steht das Thema „Die Angst in der Religion" von jeher im Mittelpunkt der ständigen Auseinandersetzung. Ohne Zweifel sind Angsterzeugung und Angstbewältigung Elemente, die aus keiner Religion wegzudenken sind. Eine Vielzahl von Kulten und Riten lassen sich auf die Beschwichtigung von Angst gegenüber bestimmten Totengeistern, Tabu-Objekten oder Göttern zurückführen. Alle aufklärerischen Bemühungen seit der Antike gingen denn auch dahin, den Ursprung der Religion überhaupt in der Angst zu sehen.

Diese Auffassung, die bereits „in der griechischen Tradition bei Demokrit, Epikur und Kritias, in der römischen Tradition vor allem bei Lukrez vorgeprägt"[66] war, gipfelte in dem Satz des römischen Dichters Publius Papinius Statius: „Primus in orbe deos fecit timor" (Thebais, 3,661), das heißt: Die Furcht hat zuerst auf der Welt die Götter geschaffen. „Bei den Römern hat sogar das Wort 'Furcht', *metus*, die Bedeutung von Religion und umgekehrt das Wort *religio* bisweilen die Bedeutung der Furcht, Scheu, daher ein *dies religiosus*, ein 'religiöser Tag' bei ihnen soviel ist als ein 'unglücklicher Tag', ein Tag, den man fürchtet."[67] Demnach habe die Angst vor „übermächtigen Naturgewalten [...] im Menschen die Vorstellung von Göttern, Dämonen, himmlischen und höllischen Mächten erzeugt".[68]

Diese These findet sich wieder in den Versuchen des englischen Philosophen Thomas Hobbes (1588-1679), die Entstehung von Religion zu bestimmen. Er rechnet zu den Wurzeln der Religion „das für den Menschen charakteristische Bedürfnis, die Ursachen zu ermitteln, die Furcht vor unsichtbaren Mächten, die Sorge um die Zukunft und die Neigung zu Analogieschlüssen."[69] Auch Spinoza „sah die Wurzeln der Religion in dem mangelnden Vertrauen des Menschen auf seine eigenen Kräfte, in seinem ständigen Schwanken zwischen Hoffnung und Furcht."[70]

In der Philosophie der französischen Aufklärung wurde diese Idee u.a. von Voltaire (1694-1778) wieder aufgenommen und unter sozialen Aspekten weiterentwickelt. Unter dem Schlagwort „Priesterbetrug" hieß es, das Priestertum habe die religiösen Ängste der Menschen geschickt benutzt und vertieft und, indem es sich als Mittler zwischen Gott und den Menschen eingesetzt hat, eine Mächtigkeit erlangt, die wiederum neue Ängste beim Volk erzeugte.[71]

Jedoch die Entstehung der Religion **allein** mit der menschlichen Angst erklären zu wollen, ist eine Position, die nach neueren Untersuchungen der religiösen Phänomene nicht unbestritten ist, und zwar gleichgültig von welchem Standpunkt aus diese Erklärung begründet wird. Weder die These, die Angst „vor unverstandenen und als bedrohlich empfundenen Vorgängen"[72] habe die Religion hervorgebracht, um damit die Angst zu bewältigen, noch

„die entgegengesetzte Behauptung, daß die Religion zum Zwecke der Herrschaftsausübung von Menschen über Menschen geschaffen worden sei und sich dazu des Mittels der Angsterzeugung bediene",[73] wird als haltbar angenommen. Es wird in diesem Zusammenhang stets auf die Phänomene in den Religionen hingewiesen, die nicht mit Angst bzw. Angstbewältigung in Zusammenhang gebracht werden können, sondern eher durch bewundernde Verehrung und Liebe hervorgerufen sind. So hat u.a. der evangelische Theologe Rudolf Otto (1869-1937) in seinem 1917 erschienenen Werk „Das Heilige" auf einen weiteren Aspekt hingewiesen, der zu dem religiösen Gefühl ebenso gehört wie der der Angst: Das Fascinosum, das Anziehende, Hinreißende, Suggestive. Friedrich Heiler beschreibt dieses „religiöse Grunderlebnis" als Ehrfurcht oder heilige Scheu. Sie umfaßt Furcht, Schauer, Selbstverdemütigung, Bewunderung, Liebe, Sehnsucht und Hingabe. Ihr spontaner Ausdruck ist der Gebetsgestus des Sichniederwerfens. Die Ehrfurcht verengt sich zu Furcht und Angst, wenn Bewunderung und Liebe zurücktreten."[74]

Ebenso hatte bereits Ludwig Feuerbach (1804-1872) auf eine doppelte Basis der Religion hingewiesen. Im Anschluss an Friedrich Schleiermacher sah Feuerbach einen wesentlichen Grund für die Entstehung von Religion im Abhängigkeitsgefühl, im Abhängigkeitsbewusstsein des Menschen von der Natur, „die Natur [...] ist also der erste Gegenstand der Religion".[75] Unter Abhängigkeitsgefühl verstand Feuerbach zum einen die Furcht, wesentlich als Todesfurcht,

„welches [...] nichts andres ist als die populärste, augen-fälligste Erscheinung des Abhängigkeitsgefühls",[76] zum anderen in der Liebe, Freude, Dankbarkeit, also die der Furcht entgegengesetzten Gefühle. „Nur das ist Gegen-stand religiöser Verehrung, nur das ein Gott, was fluchen und segnen, schaden und nützen, töten und beleben, erfreuen und erschrecken kann."[77]

Die Religion ist nach Feuerbach dem Menschen „wesentlich oder eingeboren [...], aber nicht die Religion im Sinne der Theologie oder des Theismus, des eigentlichen Gottes-glaubens, sondern nur die Religion, inwiefern sie nichts andres ausdrückt als das Gefühl der Endlichkeit und Abhängigkeit des Menschen von der Natur."[78] Gegen den „Theismus der Theologen" zog Feuerbach „zu Felde", „gegen diese arrogante, hochmütige, geistliche Religion, [...] die einen besonderen offiziellen Stand zu ihren Vertretern hat."[79] Diese konnte nach Feuerbach nur durch Projektion entstehen, nämlich indem der Mensch, der sich sein Wesen vergegenständlichte, sich selbst „wieder [...] zum Objekt dieses Vergegenständlichten", machte. Das heißt, „der Mensch denkt sich, ist sich Objekt"[80]; dieses Objekt macht er wieder zum Subjekt und denkt sich selbst dann wiederum als Objekt dieses Subjektes, eines anderen fremden Wesens.

Diese „religiöse [...] ursprüngliche Selbstvergegenständ-lichung des Menschen [...] ist unwillkürlich notwendig, so notwendig als die Kunst, als die Sprache [...]",[81] denn, und das unterscheidet den Menschen von allen anderen Wesen, der Mensch hat Bewusstheit von sich selbst – nicht nur wie das Tier als Individuum, also als Selbstgefühl, sondern als Bewusstsein von sich selbst als Gattungswesen. Der Mensch kann sich selbst Ich und Du, Subjekt und Objekt sein.

Die Religion ist demnach „ursprünglich nichts Apartes, vom menschlichen Wesen Unterschiedenes",[82] sie ist im Gegenteil „die **erste**, und zwar **indirekte** Selbsterkenntnis des Menschen. [...] Der Mensch verlegt sein Wesen zuerst **außer sich**, ehe er es in sich findet".[83] Feuerbach ruft die Menschen auf, sich von ihrer selbstverschuldeten Unmündigkeit zu befreien, indem sie die Projektion aufheben, das heißt Gott als ihr eigenes Wesen erkennen und die Fesseln der Kirche abschütteln.

Karl Marx (1818-1883) knüpft direkt an Feuerbachs anthropologische Auffassung an, indem er sagt: „Der Mensch macht die Religion [...]. Und zwar ist die Religion das Selbstbewußtsein und das Selbstgefühl des Menschen, der sich selbst entweder noch nicht erworben hat oder schon wieder verloren hat.",[84] geht aber gleichzeitig über Feuerbach hinaus, indem er den Grund nicht allein im Verhältnis des Menschen zur Natur sieht, sondern in seinem Verhältnis zur Wirklichkeit, und die ist für Marx der Staat, die Sozietät. Der Mensch ist für Marx über sein natürliches Wesen hinaus vor allem ein gesellschaftliches Wesen. Die Religion ist für ihn „die **phantastische Wirklichkeit** des menschlichen Wesens, weil das **menschliche Wesen** keine wahre Wirklichkeit besitzt. [...] Das **religiöse** Elend ist in einem der **Ausdruck** des wirklichen Elends und in einem die **Protestation** gegen das wirkliche Elend. Die

Religion ist der Seufzer der bedrängten Kreatur, das Gemüt einer herzlosen Welt, wie sie der Geist geistloser Zustände ist. Sie ist das **Opium** des Volkes".[85] „Der Kampf gegen die Religion ist" für Marx der mittelbare „Kampf gegen **jene** Welt, deren geistiges **Aroma** die Religion ist."[86]

Die folgenden Sätze von Marx erschienen 1844 in Paris, also in demselben Jahr als in Kopenhagen Kierkegaard sein Werk „Der Begriff Angst" der Öffentlichkeit vorlegte:

„Die Aufhebung der Religion als des **illusorischen** Glücks des Volkes ist die Forderung seines **wirklichen** Glücks. Die **Forderung, die Illusionen über seinen Zustand aufzugeben, der der Illusionen bedarf**. Die Kritik der Religion ist also im **Keim** die **Kritik** des **Jammertals**, dessen **Heiligenschein** die Religion ist.

Die Kritik hat die imaginären Blumen an der Kette zerpflückt, nicht damit der Mensch die phantasielose, trostlose Kette trage, sondern damit er die Kette abwerfe und die lebendige Blume breche. Die Kritik der Religion enttäuscht den Menschen, damit er denke, handle, seine Wirklichkeit gestalte wie ein enttäuschter, zu Verstand gekommener Mensch, damit er sich um sich selbst und damit um seine wirkliche Sonne bewege. Die Religion ist nur die illusorische Sonne, die sich um den Menschen bewegt, solange er sich nicht um sich selbst bewegt.

Es ist also die **Aufgabe der Geschichte**, nachdem das **Jenseits der Wahrheit** verschwunden ist, die **Wahrheit des Diesseits** zu etablieren. Es ist zunächst die **Aufgabe der Philosophie**, die im Dienste der Geschichte steht, nachdem die **Heiligengestalt** der menschlichen Selbstentfremdung entlarvt ist, die Selbstentfremdung in ihren **unheiligen Gestalten** zu entlarven. Die Kritik des Himmels verwandelt sich damit in die Kritik der Erde, die **Kritik der Religion** in die **Kritik des Rechts**, die **Kritik der Theologie** in die **Kritik der Politik**."[87]

Hier wird deutlich, wie die Kritik der Religion von Marx, die für ihn „die Voraussetzung aller Kritik"[88] ist, sich mit der Kritik Freuds überschneidet, der fast einhundert Jahre später, 1927, die Religion mit ihren Versprechungen, die Ängste der Menschen bewältigen zu können, ebenfalls als eine Illusion bezeichnet und in ihrer Überwindung die alleinige Möglichkeit sieht, dass der Mensch seine Infantilität ablege und erwachsen werde. Allerdings basiert Freuds Kritik auf individualpsychologischer Ebene und einer allgemeinen kulturtheoretischen Analyse. Er hat gesellschaftlich-politische Faktoren in seiner Religions- und Kulturkritik nicht mit einbezogen, ebensowenig wie Marx seinerzeit den Menschen als individuelles Wesen genügend berücksichtigte.[89]

Freud hat selbst keine eigene systematische Religionspsychologie entwickelt, wohl aber ist dies in seiner Nachfolge versucht worden. So hat Oskar Pfister in seinem Werk „Das Christentum und die Angst" gezeigt, „wie die christliche Kirche, statt dem von ihrem Gründer gewiesenen Weg einer Überwindung der Angst durch die Liebe zu folgen, neue Formen von Zwangsneurosen entwickelt hat".[90] Bei Pfister geht es allerdings, wie ich noch zeigen werde, nicht um die Befreiung des Menschen von der Religion, sondern um die radikale öffentliche Aufdeckung und Kritik der „von der kirchlichen Selbstdarstellung systematisch unterbelichteten Unmenschlichkeiten in der eigenen Kirchengeschichte"[91] und um die Aufforderung, sich auf die „Einheit von Liebesglauben und Glaubensliebe im Sinne des Evangeliums"[92] zu besinnen.

DIE ANGST IM CHRISTENTUM

Ohne Zweifel haben Angsterzeugung und Angstbewältigung, Elemente, die in jeder Religion anzutreffen sind, nirgends eine so große Bedeutung und sind so eng miteinander verbunden wie im Christentum, wo es scheint, als habe sich Jahwe, der strafende, rächende, von den Menschen gefürchtete Gott des Alten Testaments in den liebenden, verzeihenden Gottvater des Neuen Testaments verwandelt. Das Furchterlebnis ist im Christentum speziell mit der Erwartung zeitlicher oder ewiger göttlicher Strafe verbunden. Die Schuld durch Sünde und damit die Angst vor der Sünde stehen im Vordergrund.

Aber auch der Anblick Gottes löst Angst und Todesfurcht aus, zum Beispiel bei Moses Berufung zur Führung der Israeliten aus Ägypten: „Da verhüllte Mose sein Antlitz; denn er fürchtete sich, Gott anzuschauen" (2. Mose 3,6) sowie 2. Mose 33,20, wo es heißt: „Dann sprach er [Gott]: Du kannst mein Angesicht nicht schauen, denn kein Mensch bleibt am Leben, der mich schaut." Desgleichen ängstigt die Vorstellung, von Gott gesehen zu werden: „Ich hörte dich im Garten; da fürchtete ich mich, weil ich nackt bin, und verbarg mich", spricht Adam nachdem er vom Baum der Erkenntnis gegessen hat (1. Mose 3,10).

„Der alttestamentliche Ausdruck für Religion überhaupt bezeichnet sich als ‚Furcht Gottes'".[93] Demgemäß heißt es in Psalm 111,10: „Die Furcht des Herrn ist der Anfang der Weisheit; einsichtig handelt, wer darnach tut." „Das grundsätzlich Furcherregende der Gotteserscheinung wird in Ausnahmefällen göttlicher Offenbarung"[94] stets durch die beruhigende Aufforderung „Fürchte dich nicht!" bzw. „Fürchtet euch nicht!" entkräftet – siehe zum Beispiel 1. Mose 15,1, als Gott Abraham in einem „Gesichte" erscheint, sowie 1. Mose 26,24, als Gott zu Isaak spricht.

Auch im Neuen Testament müssen die Engel „den Menschen jeweils über die Angst hinweghelfen"[95], die sie bei ihrem Erscheinen auslösen, „und ihre Botschaft beginnt regelmäßig"[96] mit der oben genannten Formel, zum Beispiel bei der Ankündigung der Geburt des Johannes: „Es erschien ihm aber ein Engel des Herrn [...]. Und Zacharias erschrak, als er ihn sah, und Furcht überfiel ihn. Aber der Engel sprach zu ihm: „Fürchte dich nicht, [...]" (Lukas 1,11-13), oder bei der Verkündigung der Geburt Jesu an die Hirten: „Da trat ein Engel des Herrn zu ihnen [...] und sie fürchteten sich sehr. Und der Engel sprach zu ihnen: Fürchtet euch nicht!" (Lukas 2,9-10). Auch Jesus selbst löst bei seinen Jüngern viele Male Angst aus, so dass er sie mit eben diesen Worten beruhigen muss, so nach Matthäus 14,26-27: „Als aber die Jünger ihn auf dem See wandeln sahen, erschraken sie und sagten: Es ist ein Gespenst, und schrieen vor Furcht. Alsbald aber redete er sie an und sprach: ‚Seid getrost, ich bin's; fürchtet euch nicht!", desgleichen bei Jesu Verklärung (Matthäus 17,7).

Angst wird „im Alten Testament eher unbestimmt verwendet, als Gefühl menschlicher Bedrängnis und Gottverlassenheit"[97]: „Herr, sei mir gnädig, denn mir ist angst; meine Gestalt ist verfallen vor Trauern, dazu meine Seele und mein Leib", heißt es in Psalm 31,10*, und in Psalm 22,12*: „Sei nicht ferne von mir, denn Angst ist nahe." In Hiob 7,11* heißt es: „Darum will auch ich meinem Munde nicht wehren; ich will reden in der Angst meines Herzens und will klagen in der Betrübnis meiner Seele." Und in Hiob 36,16* lesen wir: „Und auch dich lockt er aus dem Rachen der Angst in weiten Raum." –

Diese mit * versehenen Bibelzitate habe ich der Luther-Bibel, Berlin 1928, entnommen, da sämtliche Male in der Zwingli-Bibel für das Wort *Angst* „Not" steht, bzw. in Psalm 31,10 heißt es „denn mir ist so bange". Angesichts dieser Entdeckung könnte es eine höchst interessante Aufgabe sein, die verschiedenen Übersetzungen diesbezüglich untereinander und mit dem Urtext zu vergleichen; ggf. sogar zu untersuchen, ob diese verschiedenen Übersetzungen, das heißt die Anwesenheit bzw. Abwesenheit des Begriffes *Angst* in der Heiligen Schrift auf ihre jeweiligen Rezipienten, also Gläubigen, zu mehr oder weniger Angst in ihrem Glauben und ihrem Verhältnis zu Gott geführt hat. Dies kann ich aber im Rahmen meiner Arbeit nicht erfüllen, daher werde ich nicht näher darauf eingehen.

„Diese Angst jedoch charakterisiert die den Menschen von Gott unterscheidende, also für ihn spezifische Lebenssituation und wird daher als ein notwendiges Durchgangsstadium auf dem Weg zu Gott dargestellt."[98] Das Wort Jesu: „In der Welt habt ihr Angst; aber seid getrost, ich habe die Welt überwunden" (Johannes 16,33), kann in diesem Sinne verstanden werden, womit im Neuen Testament noch deutlicher als im Alten Testament die Angst „eschatologisch mit der Erlösungshoffnung verknüpft wird."[99]

Die Überwindung der Furcht demgegenüber sei durch die Liebe möglich, denn „Furcht ist nicht in der Liebe, sondern die vollkommene Liebe treibt die Furcht aus, denn die Furcht hat Pein; wer sich aber fürchtet, ist nicht zur Vollkommenheit in der Liebe gelangt" (1. Johannes 4,18), und so erklärt Jesus die Liebe, und hier vor allem die

Nächstenliebe, zum Erkennungsmerkmal derer, die ihm folgen: „Ein neues Gebot gebe ich euch, daß ihr einander lieben sollt, wie ich euch geliebt habe [...]. Daran wird jedermann erkennen, daß ihr meine Jünger seid, wenn ihr Liebe untereinander habt." (Johannes 13,34-35)

Die Angst bei Freud

Die Angstanalyse kann ohne Übertreibung als ein Kernstück der Freudschen Psychoanalyse bezeichnet werden. Immer wieder stieß Freud auf das Problem der Angst bei der Entstehung von psychischen Leiden, und die wohl wichtigste und auch neue, für die psychoanalytische Vorgehensweise typische Herangehensweise an die Angst war die Überzeugung, dass es auf jeden Fall etwas geben muss, wovor der sich Ängstigende Angst hat, egal wie unerklärlich, unscheinbar oder sogar absurd der Angst-auslöser sein mag. Freud nimmt die Angst ernst und versucht nicht, sie abzuwiegeln oder gar den sich Ängsti-genden für überspannt oder verrückt zu erklären. Er versucht, gemeinsam mit dem Patienten herauszufinden, was die Angst auslöst, wenn die Erklärung, die gegeben wird, nicht auszureichen scheint, bzw. wenn der sich Ängstigende nicht vermag, einen Grund zu nennen.

Freud geht des Weiteren davon aus, dass die Grenze zwischen normal und nicht normal keine feste ist. In all seinen Arbeiten ist diese Überzeugung eine der wichtigsten Bedingungen. Ihm gilt es herauszufinden, an welcher Stelle im Leben eines Patienten eben dieser Umschwung von normal zu neurotisch stattgefunden hat und warum. Die Ursachen liegen im Unbewussten verborgen und müssen keineswegs von solcher Art sein, dass sie für alle Menschen die gleiche Wirkung gehabt hätten. Bei diesem bestimmten Menschen hat dieses bestimmte Ereignis dieses bestimmte neurotische Symptom geschaffen, und die Vorbedingungen dafür liegen in der physischen wie psychischen Konstitution dieses Patienten begründet. Da Freud aber dann bei den vielen von ihm durchgeführten Einzelanalysen zu Ergebnissen gekommen ist, die doch ähnlichen Mechanismen gefolgt, das heißt vergleichbar waren, hat er gezeigt, dass das menschliche Verhalten an sich bis zu einem gewissen Grad determiniert ist und dass die individuellen Unterschiede sich innerhalb bestimmter Grenzen bewegen. So war es ihm möglich, allgemein menschliche und gesellschaftliche Phänomene zu analysieren und zu erklären bzw. zu interpretieren.

Freud kam im Laufe seiner Forschungen zu verschiedenen Auffassungen über gewisse Aspekte der Angst und zu zwei sich quasi widersprechenden Angsttheorien.

FREUDS 1. ANGSTTHEORIE (1915/16)

1895 veröffentlichte Freud zum ersten Mal einen Artikel, in dem er versucht, erste „Ansätze zu einer Theorie der Angstneurose" zu bestimmen: „Über die Berechtigung, von der Neurasthenie einen bestimmten Symptomenkomplex als ‚Angstneurose' abzutrennen". Bei dieser Arbeit war Freud noch sehr bemüht, die psychologischen Vorgänge in physiologischen Begriffen auszudrücken; er unterscheidet noch zwischen „somatischer sexueller Erregung" auf der einen und „sexueller Libido oder psychischer Lust" auf der anderen Seite. „Die Hypothese, daß es unbewußte seelische Vorgänge gäbe"[100], hatte er sich zu dieser Zeit noch nicht vollständig zu eigen gemacht.

Seine erste Angsttheorie stellte Freud innerhalb seiner „Vorlesungen zur Einführung in die Psychoanalyse" vor, die er in den Wintermonaten 1915/16 und 1916/17 Hörern aller Fakultäten einer aus „Ärzten und Laien und aus beiden Geschlechtern gemischten Zuhörerschaft" (Freud) an der Universität Wien hielt.

Freud beginnt diese Vorlesung über die Angst, indem er als erstes *Realangst* und *neurotische Angst* unterscheidet und sich ausführlich mit der Realangst beschäftigt, die er zunächst als rationell und zweckmäßig annimmt. Sie sei eine Reaktion auf die Wahrnehmung einer äußeren Gefahr, die mit dem Fluchtreflex verbunden sei und der Selbsterhaltung diene; außerdem sei sie abhängig vom Stand unseres Wissens und von unserem Machtgefühl gegenüber der Außenwelt.

In seinen weiteren Überlegungen revidiert er diese Annahme und stellt fest, dass die Angst gar keinen Platz habe in einer Situation drohender Gefahr. Es müssten vielmehr die eigenen Kräfte gegenüber der Bedrohung eingeschätzt und eine Entscheidung getroffen werden, wie zu reagieren sei: entweder mit Flucht, Verteidigung oder Angriff. Angst könne den ganzen Vorgang nur behindern. Daher zerlegt Freud die Angst-Situation in

1. die **Angstbereitschaft** und
2. die **Angstentwicklung**.

Die Angstbereitschaft ist das von unserem Wissen und kulturellem Stand Abhängige. Man wird sich nur vor etwas fürchten, wenn man weiß, dass es gefährlich ist. Angstbereitschaft äußert sich in erhöhter sensorischer Aufmerksamkeit und motorischer Spannung; sie kann umso ungestörter in Aktion umgesetzt werden, je mehr sich die Angstentwicklung auf einen bloßen Ansatz, auf ein Signal, beschränkt. Als das Zweckmäßige an der Angst nennt Freud nun die Angstbereitschaft und als das Zweckwidrige die Angstentwicklung, die, fällt sie übermäßig stark aus, den ganzen Ablauf hemmen kann, indem sie jede Aktion lähmt.

Freud definiert Angst hier als einen „subjektiven Zustand, in den man durch die Wahrnehmung der ‚Angstentwicklung' gerät".[101]

Als Vorbild dieses Angstaffektes nimmt die Psychoanalyse den Geburtsakt an, „bei welchem jene Gruppierung von Unlustempfindungen, Abfuhrregungen und Körpersensationen zustande kommt, die das Vorbild für die Wirkung einer Lebensgefahr geworden ist und seither als Angstzustand von uns wiederholt wird. Die enorme Reizsteigerung durch die Unterbrechung der Bluterneuerung (der inneren Atmung) war damals die Ursache des Angsterlebnisses."[102] – Freud erzählt, was ihn zu dieser Annahme inspiriert hat: „Es wird sie vielleicht interessieren zu hören, wie man auf eine solche Idee kommen kann, wie dass der Geburtsakt die Quelle und das Vorbild des Angstaffektes ist. Die Spekulation hat den geringsten Anteil daran; ich habe vielmehr bei dem naiven Denken des Volkes eine Anleihe gemacht. Als wir vor langen Jahren als junge Spitalärzte um den Mittagstisch im Wirtshaus saßen, erzählte ein Assistent der geburtshilflichen Klinik, was für eine lustige Geschichte sich bei der letzten Hebammenprüfung zugetragen. Eine Kandidatin wurde gefragt, was es bedeute, wenn sich bei der Geburt Mekonium (Kindspech, Exkremente) im abgehenden Wasser zeigen und sie antwortete prompt: Daß das Kind Angst habe. Sie wurde ausgelacht und war durchgefallen. Aber ich nahm im stillen ihre Partei und begann zu ahnen, daß das arme Weib aus dem Volke unbeirrten Sinnes einen wichtigen Zusammenhang bloßgelegt hatte."[103]

Ich habe diese Erklärung Freuds deswegen vollständig aufgenommen und sie aus der Erstausgabe **1917** zitiert, um zu zeigen, dass Freud die Auffassung, der Geburtsakt sei das Vorbild für den Angstaffekt, bereits zu diesem Zeitpunkt vertrat. Es ist demnach nicht richtig, wenn der deutsche Psychoanalytiker Wolfgang Loch (1915-1995), sich auf Freuds Buch „Hemmung, Symptom und Angst" (1926) beziehend, in seinem

Aufsatz „Begriff und Funktion der Angst in der Psychoanalyse" schreibt: „Als das der Angst zugrundeliegende Erinnerungsbild [...] wird das Geburtserlebnis [...] erkannt, wobei Freud einer Idee Otto Ranks folgte". (Hervorhebung vom mir.) Otto Ranks Buch „Das Trauma der Geburt und seine Bedeutung für die Psychoanalyse" erschien erst 1924.

Freud ist jedoch keineswegs der Ansicht, wie später Otto Rank, der ein Schüler Freuds war, dass „bei jedem Angstausbruch etwas im Seelenleben vor sich geht, was einer Reproduktion der Geburtssituation gleichkommt."[104] Weiterhin geht Freud davon aus, dass diese „Disposition zur Wiederholung des ersten Angstzustandes" dem einzelnen als phylogenetisches Erbe mitgegeben ist, so dass der Mensch Angst in dieser Form erlebt, auch wenn er den Geburtsakt nicht erlebt hat „wie der sagenhafte Macduff, der aus seiner Mutter Leib geschnitten wurde (William Shakespeare, Macbeth, 5,7)".[105]

Die neurotische Angst, der sich Freud nun zuwendet, teilt er in drei Gruppen:

1. Die sogenannte **freiflottierende Angst**, die Freud auch Erwartungsangst, ängstliche Erwartung oder allgemeine Ängstlichkeit nennt. Sie hängt sich bei verschiedenen Gelegenheiten an verschiedene Gegenstände bzw. Situationen. Sie kommt auch bei sonst gesunden Menschen vor, die dann als pessimistisch oder überängstlich gelten. Bei einem Übermaß an Erwartungsangst handelt es sich jedoch um eine Angstneurose, die zu den Aktualneurosen gerechnet wird.

2. Die **Phobie**, die Freud zur Angsthysterie zählt und die völlig unabhängig von der Erwartungsangst auftritt. „Die eine ist nicht etwa eine höhere Stufe der anderen und sie kommen auch nur ausnahmsweise und dann wie zufällig miteinander vor."[106] Freud stellt fest, dass es nicht so sehr der Inhalt der Phobie ist, der für Normale so unverständlich wirkt, sondern die Intensität der Angst.

3. Der **freie Angstanfall**, bei dem selbst der sich Ängstigende nicht weiß, wovor er sich ängstigt oder warum er von Angst befallen wird und die daher als krankhaft anzusehen ist. „Diese Angst tritt zum Beispiel bei der Hysterie auf als Begleiterscheinung der hysterischen Symptome, oder unter beliebigen Bedingungen der Aufregung, wo wir zwar eine Affektäußerung erwarten würden, aber gerade den Angstaffekt am wenigsten oder losgelöst von allen Bedingungen."[107]

Freud stellt sich nun zwei Fragen:

1. Wie lässt die neurotische Angst sich verstehen?

2. Lassen sich die neurotische Angst und die Realangst in Zusammenhang bringen?

Aufgrund seiner klinischen Beobachtungen und jahrelangen Erfahrungen aus Analyse von Psycho- und Zwangsneurosen beantwortet Freud die erste Frage folgendermaßen: Angst ist abnorm verwendete Libido. Bei der freiflottierenden Angst handelt es sich demnach um direkte Umwandlung frustraner Erregung in Angst, bei den Phobien und beim freien Angstanfall um eine Folge der

Verdrängung von unerwünschten Libidoansprüchen, wobei die der Triebregung anhaftende Libidoenergie in Angst verwandelt wird – gleichgültig, welche Qualität der verdrängte Affekt besaß. Auch bei den Zwangshandlungen handelt es sich um das gleiche Phänomen, nur dass hier darüber hinaus der Kranke sich vor seiner Angst durch die Ausführung der Zwangshandlung schützt.

Auf die zweite Frage gibt Freud folgende Antwort: Genau wie das Ich auf eine äußere Gefahr mit Angst, nämlich mit Realangst, reagiert, reagiert es im Falle eines unerwünschten Anspruchs seiner Libido, das heißt auf eine innere, nicht bewusst erkannte Gefahr, mit neurotischer Angst.

Damit ist Freuds Überzeugung bestätigt, dass, **wo Angst ist, auch etwas sein muss, vor dem man sich fürchtet.** Es tut sich aber sogleich eine neue Komplikation auf, nämlich, dass „die Angst, welche eine Flucht des Ichs vor der Libido bedeutet, [...] doch aus dieser selbst hervorgegangen sein [soll]."[108]

Diese Ungereimtheit wird Freud später zu seiner zweiten Angsttheorie führen. Hier in der 25. Vorlesung lässt er sie so stehen, und es vergehen etwa 30 Jahre, bis er diese Theorie aufgibt. Noch im Jahre 1920 schreibt er: „Daß die neurotische Angst aus der Libido entsteht, ein Umwandlungsprodukt derselben darstellt, sich also etwa so zu ihr verhält wie der Essig zum Wein, ist eines der bedeutsamsten Resultate der psychoanalytischen Forschung."[109]

Am Schluss der 25. Vorlesung wendet Freud sich der **Angst beim Kinde** zu, mit der er eine Brücke zwischen Realangst und neurotischer Angst zu schlagen versucht, indem er beide quasi gleichsetzt. Freud sagt nämlich, das Kind ängstige sich zunächst einmal nicht vor Gegenständen, und Situationen würden erst bedeutsam, sofern sie Personen beinhalten. „Es ist durchaus das Werk der Erziehung, wenn endlich die Realangst bei ihm erwacht."[109] Fürchtet sich das Kind vor einer fremden Person, so, laut Freud, nur deshalb, weil es im Grunde auf den vertrauten Anblick der Mutter eingestellt war und jetzt die unverwendbar gewordene Libido als Angst abführt. Das heißt also, die Angst des Kindes, auch vor Dunkelheit, Stille, Einsamkeit, ist – wie die neurotische Angst – unverwendbar gewordene und in Form von Angst abgeführte Libido. Die Analyse der Phobien zeigt ebenso, dass unverwendbare Libido in eine scheinbare Realangst umgewandelt und so eine vermeintliche äußere Gefahr als Ersatz für den Libidoanspruch gesetzt wird. Auch jede hysterische Phobie gehe auf eine Kinderangst zurück und setze diese fort.

In seiner ersten Theorie über die Angst hat Freud also vier entscheidende und durchaus neue Auffassungen von der Angst dargestellt:

1. Er hat die Realangst gründlich analysiert und ihr nur bedingt Zweckmäßigkeit beschieden.

2. Er hat die neurotische Angst der Realangst als gleichwertig gegenübergestellt, indem er davon ausgeht, dass etwas da sein **muss**, wovor man sich ängstigt,

wenn Angst auftritt. Sie unterscheiden sich nur insofern voneinander, als dass das Ich mit der Realangst auf eine äußere Gefahr und mit der neurotischen Angst auf eine innere, nicht bewusste Trieb-Gefahr reagiert.

3. Er hat die neurotische Angst als nicht verwendbare und daher in Angst umgewandelte bzw. in Form von Angst abgeführte Libido erklärt.

4. Er hat die neurotische Angst als der normalen Angst nahe verwandt dargestellt, indem er aufzeigt, dass die durchaus normalen Kinderängste neurotischen Charakter haben.

FREUDS 2. ANGSTTHEORIE (1932)

Die Theorie der neurotischen Angst, wie er sie in seiner ersten Angsttheorie entwickelt hatte, stellt Freud in seiner Arbeit „Hemmung, Symptom und Angst", die 1926 veröffentlicht wurde, gründlich in Frage und revidiert sie in ihren wesentlichen Punkten. Auf der Grundlage dieser Arbeit entwickelt Freud seine zweite Angsttheorie; sie ist daher von entscheidender Bedeutung für seinen Auffassungswandel.

Die neuen Erkenntnisse, die die topische Zerlegung der psychischen Persönlichkeit des Menschen in Über-Ich, Ich und Es gebracht hatten, nötigten Freud, die Vorgänge bei der Verdrängung noch einmal gründlich und unter Einbeziehung der neuen Aspekte zu untersuchen und zu analysieren.

Er beginnt in „Hemmung, Symptom und Angst" zunächst damit, die Begriffe „Hemmung" und „Symptom" zu definieren und zu unterscheiden. Er untersucht dazu die Störungen bei der Sexualfunktion, beim Essen, bei der Lokomotion und der Berufsarbeit, kommt aber über eine oberflächliche Beschreibung der Erscheinungen nicht hinaus und entschließt sich daher zu folgender Auffassung: „Die Hemmung ist der Ausdruck einer Funktionseinschränkung des Ichs, die selbst sehr verschiedene Ursachen haben kann".[111]

Ganz allgemein wurde in der psychoanalytischen Forschung bis dahin die Erkenntnis gewonnen, dass die Ichfunktion eines Organs geschädigt werde, wenn seine sexuelle Bedeutung zunimmt. Wenn zum Beispiel „das Schreiben, das darin besteht, aus einem Rohr Flüssigkeit auf ein Stück weißes Papier fließen zu lassen, die symbolische Bedeutung des Koitus angenommen hat, oder wenn das Gehen zum symbolischen Ersatz des Stampfens auf den Leib der Mutter Erde geworden ist, dann wird beides, das Schreiben wie Gehen, unterlassen, weil es so ist, als ob man die verbotene sexuelle Handlung ausführen würde".[112]

Bei diesen sogenannten spezialisierten Hemmungen verzichtet das Ich auf eine ihm zukommende Funktion, damit es nicht eine erneute Verdrängung vornehmen muss, um einem Konflikt mit dem Es zu entgehen. Andere Hemmungen, wie zum Beispiel Lern- und Arbeitsstörungen, haben ihre Ursache in der Vermeidung eines Konflikts mit dem Über-Ich, wobei nicht selten Selbstbestrafung eine Rolle spielt. Allgemeine Hemmungen, zum Beispiel eine alle Aktionen verhindernde Müdigkeit, haben ihre Ursache in Energieverarmung des Ichs durch eine übergroße Beanspruchung von einer Seite, zum Beispiel durch Trauer, eine „großartige Affektunterdrückung" oder durch die Nötigung, ständig aufsteigende sexuelle Phantasien niederzuhalten.

Eine Hemmung ist also eine Einschränkung einer oder mehrerer Ichfunktionen entweder aus Vorsicht oder infolge von Energieverarmung. Freud fällt es nun leicht, Hemmung und Symptom zu unterscheiden und schreibt: „Das Symptom kann nicht mehr als ein Vorgang im oder am Ich beschrieben werden"[113], denn es weist lediglich auf einen krankhaften Vorgang hin, das heißt, es weist auf etwas hin, was es selbst nicht ist. Es steht wie ein Symbol für einen Konflikt, der nichts direkt mit ihm zu tun hat. Der Begriff Hemmung dagegen bezeichnet das, was ist. Eine Hemmung kann ein Symptom sein, ein Symptom muss aber keineswegs eine Hemmung sein.

Dies ist insofern von größter Bedeutung, als es zu erkennen gilt, dass die Hemmung einen Fluchtversuch des Ichs darstellt und man der Symptombildung nicht näher-kommen kann, wenn man sich mit diesem beschäftigt. – Ein sehr eindrückliches Beispiel hierfür findet sich in dem Roman „Schattenmund": Die Protagonistin dieses auto-biografischen Romans leidet seit Jahren an einer fast ununterbrochenen Menstruationsblutung, der keinerlei organische Krankheit zugrunde liegt. Als sie endlich eine Psychoanalyse beginnt und in der ersten Stunde von ihrer in der vergangenen Nacht besonders starken Blutung erzählen will, unterbricht sie der Analytiker und sagt: „Das sind psychosomatische Störungen, das interessiert mich nicht. Sprechen Sie von etwas anderem." Mit diesem Satz, der sie wie ein Schlag ins Gesicht trifft, beginnt für sie nach jahrelangen vergeblichen Bemühungen seitens der schulmedizinischen Psychiatrie ein völlig neuer Weg, ihren Symptombildungen auf die Spur zu kommen. Die Blutung hat, wie sie nach dieser Stunde zu ihrer größten Überraschung feststellt, aufgehört und wird nie wieder auftreten.[114]

Das Symptom ist für Freud ein Anzeichen und Ersatz für eine unterbliebene Triebbefriedigung, die Folge also eines Verdrängungsvorganges. Die Verdrängung wird vom Ich verursacht, das, „eventuell im Auftrag des Über-Ich, eine im Es angeregte Triebbesetzung nicht mitmachen will".[115] Der Erfolg der Verdrängung ist, dass die Triebregung vom Bewusstsein ferngehalten wird. Die der zurückgehaltenen Triebregung anhaftende Energie wurde, Freud zufolge, bisher in einer Affektumwandlung von der zu erwartenden Befriedigungslust in Unlust umgewandelt. Diese von ihm selbst als rätselhaft bezeichnete Affektumwandlung verwirft er nun und sagt, durch die Verdrängung komme es zu gar keinem Erregungsablauf, er würde von vornherein inhibiert oder abgelenkt.

Damit spricht Freud dem Ich überraschenderweise eine ungeheure Macht über die Vorgänge im Es zu. Dies gelingt ihm durch die Einführung des beinahe allmächtigen Lustprinzips. Das Ich antizipiert zukünftige Ereignisse und reproduziert die Unlust an einer künftigen Katastrophe – das Angstsignal –, das dann durch das Lust-Unlustprinzip, die Vermeidungsreaktion in Gang setzt. Die Angst, die bei diesem Verdrängungsvorgang frei wird, entsteht also nicht

neu, sondern sie wird nach dem vorhandenen Erinnerungsbild des Geburtsaktes als Affektzustand reproduziert. Seine
frühere Auffassung von der Umwandlung der Triebenergie
in Angst als Folge der Verdrängung weist er hiermit zurück.
„Wenn ich mich früher einmal so geäußert habe, so gab ich
eine phänomenologische Beschreibung, nicht eine meta-
psychologische Darstellung."[116] „Metapsychologisch" nennt
Freud eine Darstellung, die das topische, dynamische und
ökonomische Moment berücksichtigt.[117]

Nach gründlichen Analysen von kindlichen Tierphobien, die
Freuds Behauptung, die der Triebenergie anhaftende
Libido verwandle sich nach der Verdrängung in Angst, vor
allem bestätigen sollten, wird er diese Auffassung nicht
weiter aufrechterhalten, denn das Gegenteil hat sich
herausgestellt: Die Angst der Tierphobien stellt sich ihm als
Kastrationsangst des Ichs heraus, und auch bei der
Agoraphobie nimmt Freud diese Ursache nun an. Hinter
der neurotischen Angst verbirgt sich demnach eine
Realangst, die der Antrieb zur Verdrängung wird.

Damit verwirft Freud seine Theorie, nach der die
Verdrängung die Angst macht, das heißt nach der die dem
verdrängten Affekt anhaftende Triebenergie als Angst
abgeführt wird. Vielmehr heißt es nun, die Angst vor einer
drohenden äußeren Gefahr mache die Verdrängung. Das
Ich sei die alleinige Angststätte; nur das Ich könne Angst
produzieren und verspüren. Niemals gehe die Angst aus
der verdrängten Libido hervor.

Und wie sieht es mit der Angstbewältigung durch die Flucht in eine Neurose aus? Am besten scheint dies bei der Zwangsneurose gelungen, bei der man auf den ersten Blick nichts von Angst erkennen kann und wo auch der Zwangsneurotiker selbst nicht unter Angst leidet, allerdings um den Preis der zu vollführenden, oftmals sehr zeitraubenden sowie selbst dem Patienten sinnlos anmutenden Zwangshandlung. Hindert man ihn an der Ausführung bzw. versucht er selbst, diese zu unterlassen, befällt den Zwangsneurotiker größte Angst.

Auch bei den Phobien kann der Phobiker sich seine Angst in gewissem Maß »vom Leibe halten«. Indem er die Ursache der Angst auf ein Objekt verschiebt, vor dem er sich auf irgendeine Art schützen, bzw. das er meiden kann, braucht er keine ständige Angst zu ertragen. Es ist sicherlich relativ leicht, die Begegnung mit einer Katze, Schlange, Spinne zu vermeiden; auch das Überqueren großer Plätze, der Aufenthalt in kleinen Räumen usw. kann ohne größere Umständlichkeiten vermieden werden, und doch zahlt man diese relative Angstfreiheit mit einem Stück persönlicher Freiheit, und dies nicht nur insofern, als man bestimmte Dinge meiden, bestimmte Aktivitäten sich versagen muss, sondern ebenso dadurch, dass das Ich das Verdrängte in einem immerwährenden, unbewussten, aber Energie verbrauchenden Kampf niederhalten muss – und somit ein äußerst reduziertes Ich ist.

Bei der Hysterie, wo die Angst und mit ihr ihre Bedingung der Verdrängung zum Opfer fällt, kann von Angst-bewältigung ebenfalls keine Rede sein. Auch hier strebt das Verdrängte ständig weiter danach, aus der Verdrängung wieder emporzutauchen, und es ist daher ebenso ein fortwährender Kampf gegen das Verdrängte notwendig, der immer mehr Kraft erfordert.

Es gelingt Freud nicht, die genauen Faktoren bzw. Bedingungen zu bestimmen, die entscheiden, wann eine Zwangsneurose oder eine Phobie entwickelt wird, bzw. wann es zu einer Hysterie kommt. Die Ausgangssituation für die Zwangsneurose und die Hysterie scheint zunächst die gleiche zu sein, „nämlich die notwendige Abwehr der libidinösen Ansprüche des Ödipus-Komplexes".[118]

Freud vermutet zeitliche bzw. konstitutionelle Faktoren, aber kommt zu keiner ihn befriedigenden Lösung: „Es ist fast beschämend, daß wir nach so langer Arbeit noch immer Schwierigkeiten in der Auffassung der fundamentalen Verhältnisse finden, aber wir haben uns vorgenommen, nichts zu vereinfachen und nichts zu verheimlichen. Wenn wir nicht klarsehen können, wollen wir wenigstens die Unklarheiten scharf sehen."[119]

Nur eine Feststellung nimmt Freud als klar und unzweifelhaft an, nämlich, dass für alle drei, für die Phobie, die Hysterie und die Zwangsneurose, „die Zerstörung des Ödipus-Komplexes der Ausgang" ist. Die Annahme, dass die Kastrationsangst bei allen dreien der Motor der Verdrängung sei, kann Freud hingegen unter Berücksichtigung der Neurosen bei Frauen nicht so ohne weiteres vertreten. Und so räumt er spürbar enttäuscht ein: „So sicher sich der Kastrations**komplex** bei ihnen konstatieren lässt, von einer Kastrations**angst** im richtigen Sinne kann man bei bereits vollzogener Kastration doch nicht sprechen."[120]

Freud hat sich nie entschlossen, seine Auffassung über die Frau als kastrierter Mann aufzugeben, und er hat trotz seines „Eingeständnis[ses], das ‚Rätsel der Weiblichkeit' nicht gelöst zu haben [...], Weiblichkeit in der psychoanalytischen Theorie als ‚negative[n] Charakter' (1931b, 526) bestimmt"[121] und damit einen Mythos geschaffen, der bis heute nicht völlig verschwunden ist, und der umso fataler ist, als es das erklärte Ziel Freuds ist, die Frauen in der psychoanalytischen Kur zur „Annahme der Kastration" zu erziehen; er bezeichnet dies selbst einmal „treffend als einen ‚Unterwerfungs'-Vorgang (vgl. 1927e, 317)"[122] und setzt damit wieder eine „Grenze zwischen psychischer ‚Gesundheit' und Neurose", die ebenso „starr und unüberwindlich [ist], wie sie vor der Entstehung der Psychoanalyse erschienen war"[123], das heißt „normal" sind nur „diejenigen Frauen [...], die sich spontan zum ‚Negativ' des Mannes mythologisieren,– diejenigen jedoch, die sich dagegen wehren, durch ein ‚Nichts' bestimmt zu sein, ‚verfallen' der Neurose".[124]

Als Angstbedingung beim kleinen Mädchen in der ödipalen Phase setzt Freud daher die Angst vor Liebesverlust; beim kleinen Jungen bleibt es die Angst vor Verlust des Penis. Die Frage, ob es bei ihm nicht ebenso die Angst vor Liebesverlust sein könnte, stellt sich Freud ebensowenig wie die Frage nach der »Minderwertigkeit« des Mannes gegenüber der Frau, die aufgrund ihrer körperlichen Beschaffenheit in der vorzüglichen Lage ist, Kinder zu gebären und in der ersten Lebenszeit zu nähren.

Hat Freud in „Hemmung, Symptom und Angst" auch seine erste Angsttheorie in ihrem wesentlichen Punkt aufgegeben, so hält er darin immer noch an der Möglichkeit fest, dass bei der Angstneurose gerade der Überschuss an unverwendeter Libido seine Abfuhr in der Angstentwicklung finden könne. Erst 1932, als er seine zweite Angsttheorie vorstellt, bekennt er: „Daß es die Libido selbst ist, die dabei in Angst verwandelt wird, werden wir nun nicht mehr behaupten".[125]

Von nun an unterscheidet Freud drei Hauptarten der Angst:

1. **Realangst** – das Ich gerät in Konflikt mit der Außenwelt.

2. **Neurotische Angst** – das Ich gerät in Konflikt mit dem Es.

3. **Gewissensangst** – das Ich gerät in Konflikt mit dem Über-Ich.

Mit dieser neuen Position tritt die Funktion der Angst als ein Signal zur Anzeige einer Gefahrensituation in den Vordergrund. Jedem Entwicklungsalter schreibt Freud eine bestimmte Angstbedingung, also eine spezifische Gefahrensituation, zu:

- Die Gefahr der psychischen Hilflosigkeit im Stadium der frühen Unreife des Ichs,

- die Gefahr des Objekt-(Liebes-)Verlusts in der Unselbstständigkeit der ersten Kinderjahre,

- die Kastrationsgefahr (beim Jungen), bzw. die Angst vor Liebesverlust (beim Mädchen) in der phallischen (ödipalen) Phase und

- die Angst vor dem Über-Ich in der Latenzzeit.

Außer der Angst vor dem Über-Ich, die als Gewissensangst in den sozialen Beziehungen unentbehrlich bleibe, müssen, laut Freud, alle anderen Angstbedingungen im Lauf der Zeit von dem immer mehr erstarkenden Ich überwunden werden. Neurotiker bleiben in ihrem Verhalten zur Gefahr infantil, und sie haben „verjährte" Angstbedingungen nicht überwunden. Als ein Beispiel hierfür erwähnt Freud den Fall eines jungen Mannes, der an einer Sypholophobie litt, wohinter Freud die nicht überwundene Kastrationsangst aus der Kindheit wiederzuentdecken meinte.

Am Schluss der 32. Vorlesung stellt Freud noch einmal fest, dass sich erstaunlicherweise die neurotische Angst als Realangst entpuppt hat und fragt nun, da die Realangst ja Wissen um die Gefahr voraussetzt, was denn eigentlich das Gefährliche, das Gefürchtete an einer solchen Gefahren-situation sei. Die Geburt zum Beispiel, die ja das Vorbild für den Angstzustand sei, wird für den Säugling doch kaum mit dem Wissen um die eventuellen Gefahren erlebt. Und er antwortet: „Das Wesentliche [...] an jeder Gefahrensituation ist, dass sie im seelischen Erleben einen Zustand von hochgespannter Erregung hervorruft, der als Unlust verspürt wird und dessen man durch Entladung nicht Herr werden kann."[126] Einen solchen Zustand nennt Freud „traumatisch". „Das Gefürchtete, der Gegenstand der Angst, ist jedesmal das Auftreten eines traumatischen Moments, der nicht nach der Norm des Lustprinzips erledigt werden kann."[127]

Wesentlich dabei ist aber, dass allein die Größe der Erregungssumme einen Eindruck zum traumatischen Moment macht. Das bedeutet, dass sich traumatische

Momente im Seelenleben auch ohne Kenntnis der Gefahrensituation ereignen können. Die Angst wird dann nicht als Signal geweckt, sondern sie entsteht neu.

Damit hat Freud in seiner zweiten Angsttheorie völlig neue Auffassungen vertreten:

1. Er hat seine ursprüngliche Theorie, nach der die Verdrängung die Angst macht, verworfen und ihr die neue Auffassung entgegengesetzt, nach der **die Angst die Verdrängung macht**, das heißt die Angst, die auf eine reale Gefahr hinweist, also Realangst ist, verursacht die Verdrängung. Somit ergibt sich

2. dass **Angst als Signal** auftritt mit der Funktion, das Ich auf eine Gefahr hinzuweisen und

3. dass die Angst darüber hinaus immer dann auftritt, wenn ein durchaus unbekannter Eindruck von so intensiver Art ist, dass das Ich sich seiner nicht durch Entladung entledigen kann, das heißt, wenn das Ich in einen traumatischen Zustand gerät. Diese Angst nennt Freud die **automatische Angst**.

Mit der Auffassung, dass sich jede neurotische Angst auf eine Realangst zurückführen lässt, und mit der Einführung der automatischen Angst, hat Freud dann auch einen Punkt klären können, den er in seiner 25. Vorlesung „noch als unverbunden" empfand, „als Lücke in unserer Auffassung, die eine doch schwer bestreitbare Tatsache, daß die Realangst als eine Äußerung der Selbsterhaltungstriebe des Ichs gewertet werden muß"[128] : Die Kinderängste mit ihrem neurotischen Charakter dienen nämlich ebenso der Selbsterhaltung wie die Realangst. Da das Kind die Realität noch nicht kennt und die Gefährlichkeit einer Situation nicht wirklich einschätzen kann, hilft ihm die automatische Angst, die einsetzt, wenn sich das Kind zum Beispiel mit einer fremden Person, allein oder in der Dunkelheit vorfindet. Diese Angst äußert sich in Form von Geschrei, und so erzeugt das Kind Aufmerksamkeit auf seine subjektiv als gefährlich empfundene Situation. Es bleibt dann der Mutter bzw. der Umwelt überlassen, das Kind zu beschwichtigen und es so langsam zu lehren, was wirklich gefährlich ist und was nicht. Das heißt also, Freud erkennt, dass der Selbsterhaltungstrieb „via Narzißmus libidinöser Natur"[129] ist.

DAS WESEN DER ANGST

Der Frage nach der eigentlichen Herkunft der Angst, wie aller Affekte überhaupt, will Freud nicht nachgehen. Er sieht sie weniger in psychologischen als vielmehr in physiologischen Zusammenhängen eingebettet. Darüber hinaus wehrt er eine philosophische Betrachtungsweise der Angst für sich ab. „Ich bin überhaupt nicht für die Fabrikation von Weltanschauungen. Die überlasse man den Philosophen, die eingestandenermaßen die Lebensweise ohne einen solchen Baedeker, der über alles Auskunft gibt, nicht ausführbar finden. Nehmen wir demütig die Verachtung auf uns, mit der die Philosophen vom Standpunkt ihrer höheren Bedürftigkeit auf uns herabschauen. Da auch wir unseren narzißtischen Stolz nicht verleugnen können, wollen wir unseren Trost in der Erwägung suchen, daß alle diese ‚Lebensführer' rasch veralten, daß es gerade unsere kurzsichtig beschränkte Kleinarbeit ist, welche deren Neuauflagen notwendig macht, und daß selbst die modernsten dieser Baedeker Versuche sind, den alten, so bequemen und so vollständigen Katechismus zu ersetzen. Wir wissen genau, wie wenig Licht die Wissenschaft bisher über die Rätsel dieser Welt verbreiten konnte; alles Poltern der Philosophen kann daran nichts ändern, nur geduldige Fortsetzung der Arbeit, die alles der einen Forderung nach Gewißheit unterordnet, kann langsam Wandel schaffen. Wenn der Wanderer in der Dunkelheit singt, verleugnet er seine Ängstlichkeit, aber er sieht darum um nicht heller."[130]

Diese ablehnende und schroffe Haltung Freuds gegenüber der Philosophie hat mit Sicherheit zwei Seiten. Einerseits ist zu bedenken, in welchem Zusammenhang er sich gegen philosophische Gebäude als der »Weisheit letzter Schluss« wehrt: Er hat gerade dem Ich aufgrund von neuen Forschungsergebnissen eine Mächtigkeit zuerkannt, die nach seiner Darstellung in „Das Ich und das Es" (1923), wo die vielfältigen Abhängigkeiten des Ichs vom Es ebenso wie vom Über-Ich geschildert wurden, höchst verwunderlich erscheinen muss. Es heißt jetzt: „Das Ich beherrscht den Zugang zum Bewußtsein wie den Übergang zur Handlung gegen die Außenwelt; in der Verdrängung betätigt es seine Macht nach beiden Richtungen."[131] So warnt er alle die, die eine psychoanalytische „Weltanschauung" in unumstößlicher Weise zu basteln sich anschicken. Die „kurzsichtig beschränkte Kleinarbeit" ist es, die er ernst nimmt und der er sich verschreibt, immer bereit, neue Erkenntnisse anzunehmen und nicht zu verwerfen, etwa unter dem Motto: »Weil nicht sein kann, was nicht sein darf«.

Andererseits hat Herrmann Glasers Behauptung diese Haltung Freuds gegenüber der Philosophie sei die Rationalisierung seines „philosophischen Defizites", sicherlich ebenso seine Berechtigung. Freud hat mit ihr auf jeden Fall eine Grenze gezogen, durch die ihm „die Dimension philosophischen Denkens" im Zusammenhang mit den Erkenntnissen vom Wesen und den Ursprüngen der Angst weitgehend verschlossen blieb.[132]

Ich bin jedoch der Meinung, dass eben diese Frage nach dem Wesen der Angst an sich und ihren Ursprüngen von Freud aus einer anderen Einstellung heraus gestellt wurde. Er untersuchte die Angst auf der Basis der Neurosenlehre. Er hatte es mit Ängsten zu tun, die sich hinter den neurotischen Krankheiten seiner Patienten verbargen und denen er sich auf der Suche nach den Ursachen der Symptombildung näherte.

Freud unterscheidet zwischen Realangst und neurotischer Angst, wobei er der Realangst zwar eine gewisse biologische Notwendigkeit bescheinigt, sie aber bei genauerer Analyse nur für bedingt zweckmäßig hält. Angst ist für ihn stets ein Konflikt, in den das Ich gestürzt wird und der lösbar ist. Das heißt, Freud hält ein Leben ohne Angst für prinzipiell möglich.

Noch deutlicher wird die Haltung Freuds in seiner Schrift „Die Zukunft einer Illusion", die er 1927 veröffentlichte. Hier bezeichnet er die Religion als eine Illusion; mehr noch, er sieht in ihr im Großen und Ganzen „die allgemein menschliche Zwangsneurose"[133], vergleichbar der Zwangsneurose in der Kindheit und wie diese im Verlauf der Reifung des Kindes bzw. des Menschen ebenso leicht überwindbar. „Nach dieser Auffassung wäre vorauszusehen, daß sich die Abwendung von der Religion mit der schicksalsmäßigen Unerbittlichkeit eines Wachstumsvorganges vollziehen muß und daß wir uns gerade jetzt mitten in dieser Entwicklungsphase befinden."[134]

In „Die Zukunft einer Illusion" wird deutlich, wie sehr Freud in der Tradition der Aufklärung steht – „Es gibt keine Instanz über der Vernunft"[135], sagt er – und wie hoch er die Intelligenz und die moderne Wissenschaft einschätzt, ja im „Primat der Intelligenz" letztlich das zu erreichende „psychologische Ideal"[136] sieht, mit dem Zwänge und Ängste aller Art zu besiegen seien. „Solange außer der sexuellen Denkhemmung die religiöse und die von ihr abgeleitete loyale auf die frühen Jahre des Menschen einwirken, können wir wirklich nicht sagen, wie er [der Mensch] eigentlich ist."[137]

Freud sieht dann aber auch einen Zustand des Menschen kommen, wo dieser – ganz auf sich selbst zurückgeworfen, seine Kleinheit erkennend – auf seine eigenen geringen Kräfte rekurrieren muss. „Gewiß wird der Mensch sich dann in einer schwierigen Situation befinden, er wird sich seine ganze Hilflosigkeit, seine Geringfügigkeit im Getriebe der Welt eingestehen müssen, nicht mehr der Mittelpunkt der Schöpfung, nicht mehr das Objekt zärtlicher Fürsorge einer gütigen Vorsehung. Er wird in derselben Lage sein wie das

Kind, welches das Vaterhaus verlassen hat, in dem es ihm so warm und behaglich war. Aber nicht wahr, der Infantilismus ist dazu bestimmt, überwunden zu werden?"[138] Er nennt es „Erziehung zur Realität" und kommt damit zu seinem eigentlichen Anliegen. Freud hat große Zuversicht, dass dieser von seinen Illusionen befreite Mensch, der Nicht-Neurotiker, seine Kräfte sinnvoll einzusetzen lernt. „Es macht schon etwas aus, wenn man weiß, daß man auf seine eigene Kraft angewiesen ist. Man lernt dann, sie richtig zu gebrauchen."[139] Und in seinem darauffolgenden Satz drückt sich aus, wie sehr er an die positive Kraft der Wissenschaft glaubt: „Ganz ohne Hilfsmittel ist der Mensch nicht, seine Wissenschaft hat ihn seit den Zeiten des Diluviums viel gelehrt und wird seine Macht noch weiter vergrößern."[140]

Angstbewältigung und schließlich Angstfreiheit des Menschen, damit er erwachsen werde und sich von den ihm von der Kirche und der Kultur auferlegten unerträglichen Zwängen befreie, wird hier als Freuds Anliegen sichtbar. Dagegen setzt Paul Tillich der Angst den „Mut zum Sein" entgegen, und der Psychoanalytiker Fritz Riemann schreibt etwa 40 Jahre nach Freud: „Wir können nur versuchen, Gegenkräfte gegen sie zu entwickeln: Mut, Vertrauen, Erkenntnis, Macht, Hoffnung, Demut, Glaube und Liebe."[141] Und in Anspielung auf Freuds Schrift fährt er fort: „So ist es wieder eine Illusion, zu meinen, daß der ‚Fortschritt' [...] uns unsere Ängste nehmen werde; manche gewiß, aber er wird neue Ängste zur Folge haben"[142] und Riemann stürzt damit Freuds „Gott Logos"[143] vom Thron.[144]

Freud hatte ganz schlicht und fast ein wenig überheblich gefolgert: „Und was die großen Schicksalsnotwendigkeiten betrifft, gegen die es eine Abhilfe nicht gibt, die wird er [der Mensch] eben mit Ergebung ertragen lernen."[145] Bei Tillich und Riemann wird deutlich: So einfach ist die Sache nicht. Es gilt einen Mut zu finden gegen diese ihrem Wesen nach existentiellen Ängste, das heißt einen Mut, das Leben trotz dieser „großen Schicksalsnotwendigkeiten", gegen die es keine Abhilfe gibt, lebenswert zu finden und damit die Kraft, es positiv zu gestalten.

Für Riemann ebenso wie für Tillich gehören bestimmte Ängste zum Dasein des Menschen, die nicht prinzipiell überwindbar im Sinne von auflösbar sind. „Methoden, welcher Art auch immer, die uns Angstfreiheit versprechen, sollten wir mit Skepsis betrachten; sie werden der Wirklichkeit menschlichen Seins nicht gerecht und erwecken illusorische Erwartungen."[146]

Die Angst bei Riemann

Nach Riemann werden stets neue Ängste produziert, hinter denen sich immer die gleichen Ängste verborgen halten, die er GRUNDÄNGSTE nennt. Tillich hat die Angst, wie ich bereits in der Einleitung erwähnte, in drei große Typen aufgeteilt:

Die Angst vor Schicksal und Tod

Die Angst vor Schuld und Verdammung

Die Angst vor Leere und Sinnlosigkeit

„In allen drei Formen ist die Angst existentiell in dem Sinne, daß sie zur Existenz als solcher gehört und nicht zu einem abnormen Geisteszustand."[147]

Riemann spricht, gestützt auf etwa 30 Jahre Erfahrung mit der psychoanalytischen Methode, von vier Grundängsten, die den vier Neurosentypen **Schizoidie**, **Depression**, **Zwangsneurose** und **Hysterie** entsprechen. Um diese vier Grundängste darzustellen, bedient er sich eines Bildes aus der Astronomie:

„Wir werden in eine Welt hineingeboren, die vier mächtigen Impulsen gehorcht:"[148] Einerseits umkreist die Erde die Sonne, sie bewegt sich also in einem bestimmten Rhythmus „um das Zentralgestirn unseres engen Weltsystems".[149] Diese Bewegung, diesen Impuls, nennt Riemann *Revolution* bzw. *Umwälzung*. Andererseits vollführt die Erde eine Eigendrehung, die *Rotation*. Mit diesen beiden Grundimpulsen sind zugleich zwei weitere gesetzt, die sich ebenso widersprechen bzw. ergänzen. Das ist auf der einen Seite die *Schwerkraft*, die unsere Erde zusammenhält und etwas von einem *Festhalten* hat, auf der anderen Seite die *Fliehkraft*, die nach außen drängt und etwas von einem *Loslassen, sich Lösenwollen* hat. „Nur die Ausgewogenheit dieser vier Impulse garantiert die gesetzmäßige, lebendige Ordnung, in der wir leben [...]. Das Überwiegen oder das Ausfallen einer solchen Bewegung würde die große Ordnung stören bzw. zerstören und ins Chaos führen."[150]

Riemann geht von der Annahme aus, dass die Gesetzmäßigkeiten, die für die Erde innerhalb des Universums gelten, auch für uns Menschen als Erdenbewohner

Gültigkeit haben. Nimmt man also an, der Mensch trage die genannten Impulse „als unbewußte Triebkräfte und zugleich latente Forderungen in sich"[151], so brauche man sie nach Riemann lediglich ins Psychologische zu übertragen, das heißt nach ihren Entsprechungen im seelischen Erleben des Menschen zu suchen. Man stieße dann „auf die erwähnten Antinomien, zwischen denen das menschliche Leben ausgespannt ist und [...] zugleich auf jene Grundformen der Angst, die im Zusammenhang damit stehen und so einen tieferen Sinn bekommen".[152]

Der Eigendrehung entspräche die Forderung zu Individuation oder, mit Tillich ausgedrückt, zum „Mut, man selbst zu sein". Der Umwälzung oder Revolution „entspräche die Forderung, sich einzuordnen in ein größeres Ganzes, unsere Eigengesetzlichkeit, unser eigenes Wollen zu begrenzen"[153], oder, mit Tillich gesprochen, die Forderung zum „Mut, Teil eines Ganzen zu sein", also zur „Partizipation". Der Schwerkraft entspräche der Impuls nach Dauer und Beständigkeit, der Fliehkraft der Impuls nach Veränderung und Wandlung.

Damit wären die zwei Antinomien beschrieben: auf der einen Seite die Forderung an den Menschen, er selbst zu sein ebenso wie sich in überindividuelle Zusammenhänge einzufügen, auf der anderen Seite die Forderung, seinem Dasein Dauer und Beständigkeit und damit planbare Zukunft zu geben ebenso wie die immerwährende Bereitschaft, Wandlung und Neues aufzunehmen.

In diesen vier Forderungen oder Impulsen, die das Leben des Menschen enthält bzw. bestimmt, sind für ihn gleichzeitig vier Ängste enthalten, die umso größer werden, desto einseitiger einer dieser Forderungen entsprochen wird oder, anders ausgedrückt, desto überwertiger einer dieser Impulse gelebt wird.

Mit der ersten Forderung zur Individuation ist gleichzeitig die Angst vor Einsamkeit gegeben, die Angst, nicht dazuzugehören, nicht verstanden, eventuell abgelehnt oder gar angefeindet zu werden. Je stärker wir unsere individuelle Einmaligkeit bejahen und gegen die anderen abgrenzen, desto größer ist die Angst, aus der Geborgenheit der Gemeinschaft herauszufallen, Unsicherheit und Isolierung ausgesetzt zu sein. „Riskieren wir aber andererseits nicht, uns zu eigenständigen Individuen zu entwickeln, bleiben wir zu sehr im Kollektiven, im Typischen stecken und bleiben unserer menschlichen Würde etwas Entscheidendes schuldig."[154]

Mit der zweiten Forderung zur Partizipation, das heißt mit der Forderung „uns der Welt, dem Leben und den Mitmenschen vertrauend"[155] zu öffnen, uns einzulassen mit dem Du, dem Fremden, begegnet uns die Angst vor Verlust des Ichs. Die „Hingabe – im weitesten Sinne – an das Leben"[156] beinhaltet die Angst, „abhängig zu werden, uns auszuliefern, unser Eigensein nicht angemessen leben zu können, es anderen opfern und in der geforderten Anpassung zu viel von uns selbst aufgeben zu müssen."[157] Riskieren wir aber die Hingabe an das Leben trotz dieser Abhängigkeiten nicht, „bleiben wir isolierte Einzelwesen ohne Bindung, ohne Zugehörigkeit zu etwas über uns

Hinausreichendem, letztlich ohne Geborgenheit und werden so weder uns selbst noch die Welt kennenlernen."[158]

Mit dieser Antinomie sind dem Menschen also zwei sich widersprechende Forderungen aufgegeben: Er soll zugleich die Selbstverwirklichung und die Selbsthingabe leben, das heißt, er muss zugleich seine Angst vor der Ich-Werdung und seine Angst vor der Ich-Aufgabe überwinden.

Mit der dritten Forderung zu Dauer und Beständigkeit ist er aufgerufen, sich in dieser Welt einzurichten, sozusagen „häuslich niederzulassen", er soll „in die Zukunft planen, zielstrebig sein, als ob er unbegrenzt leben würde, als ob die Welt stabil wäre und die Zukunft voraussehbar [...] mit dem gleichzeitigen Wissen [...], daß das Leben jeden Augenblick zu Ende sein kann. [...] Mit dieser Forderung zu dauern, sich in eine ungewisse Zukunft zu entwerfen, ja, überhaupt Zukunft zu haben, als ob er damit etwas Festes und Sicheres vor sich hätte – mit dieser Forderung sind alle Ängste gegeben, die mit dem Wissen um Vergänglichkeit [...] und um die irrationale Unberechenbarkeit des menschlichen Daseins zusammenhängen.[159]

In dem Roman von Simone de Beauvoir „Alle Menschen sind sterblich" wundert sich der unsterbliche Protagonist gegenüber einer Sterblichen: „Wie bringen Sie es fertig, zu denken, Sie hätten sich auf einer Welt häuslich eingerichtet, die Sie doch in wenigen Jahren wieder verlassen werden", und er spricht damit dieses Phänomen, diesen Impuls menschlicher Existenz treffend aus.[160]

Paul Tillich spricht hier von der Angst vor dem Schicksal als etwas Zufälligem, das heißt dem Fehlen einer letzten Notwendigkeit, sowie von der Angst, die hinter allem steht, und die er die „absolute Bedrohung" nennt, nämlich die Angst vor dem Tod. „Das Schicksal würde keine unausweichliche Angst erzeugen, wenn nicht der Tod dahinter stünde. Und der Tod steht nicht erst im letzten Augenblick hinter dem Schicksal und seinen Zufälligkeiten, wenn wir aus der Existenz gestoßen werden, sondern in jedem einzelnen Augenblick der Existenz."[161] Sie macht sich bemerkbar in der „Angst vor dem Wagnis des Neuen, vor dem Planen ins Ungewisse, davor, sich dem ewigen Fließen des Lebens zu überlassen, das nie stillsteht und auch uns selbst wandelnd ergreift."[162]

Könnte der Mensch aber diese Beständigkeit, diese Dauer nicht herstellen, wäre er nicht in der Lage, etwas zu schaffen und zu verwirklichen. Der Mensch muss in der Vorstellung leben, „unbegrenzt Zeit zu haben, als ob das endlich Erreichte stabil wäre, und diese Stabilität und Dauer, diese illusionäre Ewigkeit, ist ein wesentlicher Impuls, der uns zum Handeln treibt"[163], ja, der uns zum Handeln erst befähigt.

Mit der vierten Forderung schließlich, die die Bereitschaft zu Wandlung, Veränderung und somit Weiterentwicklung aufruft, ist „die Angst verbunden, durch Ordnungen, Notwendigkeiten, Regeln und Gesetze, durch den Sog der Vergangenheit und Gewohnheit festgelegt, festgehalten zu werden, eingeengt, begrenzt zu werden in unseren Möglichkeiten und unserem Freiheitsdrang."[164]

Würde der Mensch aber diese Forderung nicht erfüllen, bliebe er unweigerlich stecken im Gewohnten, in den Traditionen, die bald nur noch für ihn allein gelten würden. Er würde erstarren in Normen und Verhaltensweisen, die, weil überlebt, ihn selbst am Leben hinderten.

Mit dieser zweiten Antinomie sind dem Menschen also zwei sich widersprechende Forderungen aufgegeben, sowohl nach Dauer als auch nach Wandlung zu streben, das heißt, es ist von ihm die Angst vor der Vergänglichkeit ebenso zu überwinden wie die Angst vor der unausweichlichen Notwendigkeit.

Riemann hat damit vier Grundängste postuliert, welche mit den vier Grundimpulsen zusammenhängen, die für ihn zum Dasein des Menschen „gehören und sich auch paarweise ergänzen und widersprechen"[165]:

I. Die Angst vor der Selbsthingabe, als Ich-Verlust und Abhängigkeit erlebt, in dem Bemühen, den Impuls der Partizipation zu leben.

II. Die Angst vor der Selbstwerdung, als Ungeborgenheit und Isolierung erlebt, in dem Bemühen, dem Impuls der Individuation zu folgen.

III. Die Angst vor der Wandlung, als Vergänglichkeit und Unsicherheit erlebt, in dem Bemühen, Dauer und Stabilität zu erlangen.

IV. Die Angst vor der Notwendigkeit, als Endgültigkeit und Unfreiheit erlebt, in dem Bestreben, offen für alles Neue und wandlungsfähig zu bleiben.

Ein Gleichgewicht der menschlichen Seele, das heißt psychische Gesundheit sei – in Anlehnung an das Gleichnis der kosmischen Ordnung – nur möglich, wenn diese antinomischen Impulse in ausgewogenem Verhältnis zueinander gelebt werden können. Freud spricht in seiner Charakterologie „Über libidinöse Typen" in diesem Zusammenhang von einer „idealen Harmonie"[166], die erreicht wäre, wenn die drei „Hauptverwendungen im seelischen Haushalt"[167], die erotische, zwanghafte und narzißtische gleichermaßen gelebt würden. Diese Ausgewogenheit meint jedoch nichts „Statisches [...], sondern sie ist voll ungemeiner innerer Dynamik, weil sie nie etwas Erreichtes, sondern immer etwas wieder Herzustellenden ist."[168]

Die vier großen Neurosentypen, die Schizoidie, die Depression, die Zwangsneurose und die Hysterie entsprechen jeweils einer dieser vier Grundängste. Riemann geht dabei davon aus, dass eine gewisse Anlage des Menschen das überwertige Leben des einen bzw. des anderen Impulses zwar begünstigen kann, es jedoch zu einer neurotischen Störung nur kommt, wenn die Umwelt, das heißt die Außeneinflüsse, die auf den Menschen einwirken – und hier vor allem auf den Menschen als Klein- und Kleinstkind –, es verbietet, den einen oder anderen Impuls zu leben bzw. den einen oder anderen Gegenimpuls als einzig lebbare Form ermöglicht. Das „Überwertig-werden einer der vier Grundängste – oder, von der anderen Seite her gesehen, das weitgehende Aufgeben eines der

vier Grundimpulse"[169] führt nach Riemann zu vier Persönlichkeitsstrukturen, das heißt zu vier Arten des In-der-Welt-
Seins, die in Ansätzen allen Menschen bekannt sind und an
denen alle mehr oder weniger Anteil haben.

Riemann versteht diese Persönlichkeitsstrukturen „als
einseitige Akzentuierung in bezug auf die vier Grundängste."[170] Je ausgeprägter und einseitiger sie ausfallen,
desto wahrscheinlicher sind sie auf frühkindliche Entwicklungsstörungen zurückzuführen. Auch beim Erwachsenen
können Extremsituationen, wie etwa Krieg, Gefangenschaft,
lebensbedrohliche Situationen oder auch innerpsychische
Erlebnisse die jeweilige „Toleranzgrenze für Ängste überschreiten, so daß er mit Panik, mit Kurzschlußhandlungen
oder Neurosen darauf reagiert."[171]

Aber dem Erwachsenen stehen viel mehr Möglichkeiten zur
Verfügung, sich gegen die Angst zu wehren. Er kann sie
mitteilen, um Hilfe bitten, flüchten oder zum Angriff
übergehen, vor allem aber kann er die Situation meist
geistig erfassen und ist ihr demzufolge niemals so völlig
ausgeliefert, wie es das kleine Kind ist; „je kleiner es ist,
desto mehr ist es nur Objekt seiner Ängste, ihnen hilflos
ausgeliefert, ohne Wissen, wie lange sie anhalten werden
und was noch alles geschehen kann."[172]

DIE VIER PERSÖNLICHKEITSSTRUKTUREN UND IHRE ANGSTBEDINGUNGEN

Im Folgenden werde ich die Entstehung der vier Charakterstrukturen nach Riemann darlegen, wobei ich mich darauf beschränke, die Angstbedingungen in aller Kürze zu skizzieren, da es mir, wie bereits in der Einleitung erläutert, weniger auf die neurotischen Ausbildungen der Angst im Einzelfall ankommt, als vielmehr auf die Aspekte der Ängste, denen der Mensch nach Riemann existentiell ausgeliefert ist und die in den neurotischen Ängsten nur ihre Zerr- und Extremformen erreicht haben.

Riemann hat zu jeder Persönlichkeitsstruktur die Charakteristika genannt, durch welche sie gekennzeichnet ist, beginnend bei einer »normalen« Ausprägung bis hin zur krankhaften und schwergestörten. Diese »Linie« werde ich kurz wiedergeben ebenso wie die positiven Aspekte, die durch die jeweilige Betonung des einen oder anderen Impulses gelebt werden können, wenn der Mensch durch ihn nicht neurotisch geworden ist, sondern – eventuell auch in einer Psychoanalyse – integriert hat.

ANGSTBEDINGUNGEN FÜR DIE SCHIZOIDE PERSÖNLICHKEITSSTRUKTUR

Wird ein Mensch gezwungen, den Impuls der Eigendrehung überbetont zu leben, was im Falle einer vom Neugeborenen „als unheimlich und unzuverlässig, als leer oder aber als überrennend und überschwemmend"[173] wahrgenommenen Welt die Folge sein wird, bleibt er – „bereits im ersten Ansatz seiner Weltzuwendung gestört und gleichsam auf sich selbst zurückgeworfen"[174] – auf sich bezogen und fixiert sich so auf sein eigenes Ich. Die Angst vor dem Verlust dieses Ichs wird dann natürlich überwertig stark gelebt.

Die Intensität der schizoiden Züge kann sehr verschieden ausfallen und vom leicht Kontaktgehemmten über den Übersensiblen, Einzelgänger, Originalen, Kauz, Sonderling, Außenseiter, Asozialen, Kriminellen bis zum Psychotiker führen.

„Es finden sich unter ihnen gar nicht selten geniale Begabungen. Beim Genialen wirkt sich die Einsamkeit und Ungebundenheit positiv aus, indem er freier von Traditionen und Rücksichten Dinge erkennen kann, die der Geborgene und Traditionsgebundene nicht sieht oder zu sehen wagt. Seine exponierte Situation läßt ihn zu Erkenntnissen kommen, die Grenzen überschreiten können, von denen sich andere respektvoll fernhalten. Wenn ihr Gefühlsleben nicht verarmt ist, nur scheu zurückgehalten wird, sind Schizoide sehr differenzierte und sensible Menschen, die eine tiefe Abneigung gegen alles Banale und Flache haben. Nur bei Gefühlsverarmung und Gefühlskälte können sie hinter dem eigentlich Menschlichen zurückbleiben."[175]

Wird ein Mensch umgekehrt gezwungen, überwertig die Umwälzung zu leben, weil er ständig von dem sonst folgenden Verlust mütterlicher Liebe bedroht ist, wird die Angst vor der Eigendrehung überwertig. Zeitlich befindet sich das Kind noch in der „kurzen Paradieszeit seines Lebens"[176], in der nichts von ihm gefordert wird, in der seine Bedürfnisse erraten und befriedigt werden und es sein Dasein mit Lust und Behagen erlebt – erleben sollte."[177] Neu ist in dieser zweiten Phase der Entwicklung, „die erkannte Abhängigkeit von einem Menschen und zugleich das erwachende Bedürfnis nach vertrauter Nähe zu ihm, üblicherweise die Mutter."[178]

Der ständig drohende Verlust der Mutter als Störungsfaktor in dieser Phase kann nun nach Riemann in „zwei charakteristischen Fehlverhalten der Mütter"[179] begründet liegen. Da sei als erstes die Verwöhnung genannt, die für ihn die sogenannte »overprotection« darstellt, als zweites die Versagung, die zu früh Anpassung verlangt. Beide Verhaltensweisen gegenüber dem Kinde in dieser Lebensphase verunmöglichen es ihm, dem Impuls der „Eigendrehung" mit Freude und Spaß zu folgen und erwecken dagegen zwangsläufig Angst und Schuldgefühle. – Es könnte hier der Eindruck entstehen, als ginge es Riemann darum, den Müttern eine besondere Schuld zuzuweisen. Dies ist meines Erachtens keineswegs der Fall; in seinen sämtlichen Fallbeispielen ist die Betonung der Mutter nicht auffällig. Es geht Riemann sowieso nicht um Schuldzuweisung, es geht ihm um die Bedeutung der ersten Umweltbeziehungen und um die Personen, die zu allererst im Leben des Menschen eine Rolle spielen, gleichgültig, ob das nun Geschwister sind, die Oma, der Opa, eine Tante oder ein Onkel, Vater oder Mutter.

Die Intensität der depressiven Charakterzüge kann ebenfalls unterschiedlich stark sein, so skizziert Riemann eine Linie, die bei „Kontemplation" beginnt, über stille Introvertiertheit und Beschaulichkeit, Bescheidenheit, Schüchternheit führt bis zu Gehemmtheit und Melancholie. Oft stünde am Ende der Linie der Selbstmord oder die völlige Apathie und Indolenz. Aber auch das Ausweichen in eine Sucht sei eine häufig anzutreffende Form, „die aber nur vorübergehend das Ich stärkt."[180]

Dem gesunden Menschen mit depressiver Anlage gelingt es, seinen Eigenwert nicht dem Wert der anderen unterzuordnen. Für ihn bedeutet die christliche Forderung: „Liebe Deinen Nächsten wie Dich selbst" dann nicht die Aufforderung, den Nächsten **mehr** zu lieben als sich selbst, wie es häufig bei depressiv Kranken der Fall ist. Dieser gesunde Mensch zeichnet sich durch besonderes Einfühlungsvermögen, durch Hilfsbereitschaft, Fürsorge und Verständnis für andere aus, ohne dabei seinen Eigenwert gering zu achten.

Kann ein Mensch die Forderung nach Wandlungsfähigkeit und Offenheit für Neues nicht leben, strebt er dagegen überstark nach Beständigkeit, hält er starr an Regeln und alten Gewohnheiten fest, kann dies in der ausgeprägtesten Form zur Zwangsneurose führen. Die Ursachen liegen hier entweder in einem zu strengen oder zu laschen Umgang mit den ersten Äußerungen des Eigenwillens des Kindes, das heißt in der Phase, in der der Mensch anfängt, die enge Symbiose zu seiner ersten Bezugsperson aufzulösen und zu ihr in Gegensatz zu treten. Dies ist im allgemeinen die Zeit zwischen dem 2. und 4. Lebensjahr. „Bei den später zwanghaften Persönlichkeiten finden wir in der Lebensgeschichte mit großer Regelmäßigkeit, daß in ihrer Kindheit altersgemäß zu früh und zu starr die lebendigen aggressiven, affektiven, die gestalten und verändern wollenden Impulse, ja oft jede Spontaneität, jede Äußerung gesunden Eigenwillens gedrosselt, gehemmt, bestraft oder unterdrückt wurden. Und das in **der** Entwicklungsphase, in der die Entfaltung dieser altersgemäß fälligen und neu hinzuzulernenden Fähigkeiten und Verhaltensweisen notwendig ist, die zu größerer Eigenständigkeit und Unabhängigkeit führen sollen."[181]

„Aber auch ein Kind, das in einem chaotischen Milieu aufwächst, kann zwanghafte Züge entwickeln, hier aber reaktiv und kompensatorisch: es findet in seiner Umwelt keine Orientierungsmöglichkeit, keinen Halt, erlebt eine Freiheit, die es ängstigt, weil darin alle Möglichkeiten der Willkür enthalten sind. Es sucht dann nach einem inneren

Halt, weil es draußen keinen findet. Es wird versuchen, aus sich heraus Ordnungen und feste Grundsätze zu entwickeln, an die es sich halten kann und die ihm Sicherheit geben. Diese nehmen dann zwanghafte Formen an, weil sie durch seine Umgebung immer wieder gefährdet werden, daher umso mehr an ihnen festgehalten werden muß."[182]

Bei der zwanghaften Persönlichkeitsstruktur gibt es nach Riemann zwei Linien vom gesunden Menschen über den stärker Zwanghaften bis zum Zwangskranken: „bei den anlagemäßig vitalstarken Persönlichkeiten führt [sie] von sachlichen, pflichttreuen, verläßlichen Menschen über zunehmende Nüchternheit zum ehrgeizigen Streber – zum unbelehrbaren Eigensinnigen und Querulanten – zum tyrannischen Machtmenschen, Despoten und Autokraten, bis zum Zwangskranken verschiedenen Grades; am Ende der Linie stünde das Krankheitsbild der psychotischen Katatonie. Für die Vitalschwächeren sähe die Linie etwa so aus: unauffällig Angepaßte – vorwiegend sich sichernde Lebensängstliche und ‚Radfahrer-Typ' – asketische Hypochonder; am Ende stehen auch hier die Zwangskranken im engeren Sinne."[183]

Der gesunde Mensch mit zwanghaften Anteilen zeichne sich durch besondere Zuverlässigkeit, Treue, Konsequenz und Durchhaltevermögen aus. Wenn es ihm gelingt, sein Bedürfnis nach Sicherheit und Dauer nicht überwertig zu leben, werde er, da er über einen ausgeprägten Wirklichkeitssinn und großes Verantwortungsbewußtsein verfüge, in der Lage sein, in seinem Leben große Aufgaben zu übernehmen und zu erfüllen.

Ist ein Mensch dagegen nicht in der Lage, Dauer und
Beständigkeit zu ertragen, erlebt er sie angstvoll als Starre
und Festgehalten werden, lebt er also den Impuls der
Fliehkraft überwertig, so kann am Ende eine Hysterie
stehen. „Nach den Erfahrungen der Psychoanalyse liegt der
Ansatz zu möglichen hysterischen Entwicklungen um das
4. bis 6. Lebensjahr. In diesem Alter hat das Kind, nun dem
Kleinkindalter entwachsend und erwachsener werdend,
wichtige Entwicklungsschritte zu vollziehen."[184]

Es hat inzwischen eine ganze Palette von Verhaltens-
möglichkeiten und Fähigkeiten erworben und wird nun
langsam in die Welt der Erwachsenen aufgenommen, das
heißt, es werden zunehmend Verantwortung und eigene
Entscheidungen von ihm gefordert. Das bedeutet aber
auch, dass es lernen muss, die Realität und seine eigenen
Fähigkeiten und Grenzen richtig einzuschätzen. Gleichzeitig beginnt seine Geschlechtsrolle als Junge oder Mädchen
immer deutlicher Konturen anzunehmen.

Damit all diese Reifungsschritte zu einem gesunden Selbst-
wertgefühl und schließlich zur Identitätsfindung erfolgreich
vollzogen werden können, braucht das Kind in dieser Phase
überzeugende und „gesunde Leitbilder für seinen tasten-
den Entwurf von sich selbst."[185] Nur wenn die Welt und die
Werte der Erwachsenen dem Kind erstrebenswert erscheinen, wird es bereit sein, seine Kinderwelt mit der Vorstellung unbegrenzter Möglichkeiten aufzugeben „zugunsten
von Verantwortung, von Einsicht in Notwendigkeiten."[186]

In einem Milieu, in dem das Kind solche Vorbilder, die es ernst nehmen und ihm Verständnis entgegenbringen, nicht vorfindet, kann es zu einer Weigerung, erwachsen zu werden, kommen, das heißt die hysterische Persönlichkeit kommt zu keiner verantwortlichen Haltung gegenüber seiner Umwelt und findet somit keine eigene Identität.

Die Linie vom durchaus normalen über den leichter bis schwer hysterischen Charakter hat Riemann folgendermaßen gezeichnet: „lebendig-impulsive Menschen mit betonterem Geltungsdrang und Eigenliebe – narzißtisches Bedürfnis nach Bestätigtwerden und Mittelpunkt-sein-Wollen – überwertiger Geltungsdrang und Kontaktsucht – Vater-Töchter und Mutter-Söhne, die sich nicht vom Familienroman abgelöst haben – hysterische Unechtheit, Rollenspiel und Realitätsflucht bis zur Hochstapelei – ewige Backfische und Jünglinge – männer- oder frauenfeindliche Persönlichkeiten, die ihre Geschlechtsrolle nicht annehmen, nicht selten in Homosexualität ausweichen – ‚kastrierende‘, destruktive Frauen mit ausgesprochenem Männerhaß, und Don-Juan-Typen mit Rachehaltungen der Frau gegenüber – Phobien – schwer hysterische Krankheitsbilder mit seelischer und körperlicher Symptomatik, welche letztere sich auf kein Organ festlegen läßt, bei einer gewissen Bevorzugung der Extremitäten (Lähmungserscheinungen)."[187]

Den gesunden Menschen mit hysterischen Zügen erkennt man an seiner sprühenden Lebendigkeit. Er ist bereit, immer und jederzeit, neu zu beginnen. „Er bringt alles in Bewegung, rüttelt an den Traditionen und veralteten, erstarrten Dogmen."[188] Sein Wissen um die Relativität der Dinge lässt ihn nicht an der Vergangenheit hängen. Misserfolge kann er schnell überwinden; unbefangen, wagemutig und eigenwillig geht er durchs Leben.

DAS WESEN DER ANGST

Riemann hat mit seiner Darstellung der vier Persönlichkeitsstrukturen und der Entstehung der vier Neurosentypen die Angstbedingungen aufgezeigt, die seiner Meinung nach die jeweilige Neurosenerkrankung bewirken. Er hat damit eine Frage beantwortet, auf die Freud seinerzeit noch keine ihn zufriedenstellende Antwort zu geben vermochte, wenngleich auch er schon zeitliche Faktoren vermutete, das heißt bestimmten Entwicklungsphasen bestimmte Angstbedingungen zuordnete.

Ebenfalls unternahm Freud, u.a. in seiner bereits genannten Arbeit „Über libidinöse Typen", den Versuch, gewisse Charakterstrukturen herauszukristallisieren, die unter Umständen zu bestimmten Neurosenformen führen.[189] Er kam allerdings zu völlig anderen Antworten: Nachdem er drei libidinöse Haupttypen – „den erotischen, den narzißtischen und den Zwangstypus"[190] – beschrieben hatte, war er der Überzeugung, dass die „Genese der Neurosen" durch sie nicht in neuem Licht zu betrachten sei, da „nach dem Zeugnis der Erfahrung [...] alle diese Typen ohne Neurose lebensfähig [sind]."[191]

Diese Schlussfolgerung ist umso erstaunlicher, als Freud selbst am Anfang seiner Betrachtung die Bedingung aufstellte, dass die Typen nicht mit Krankheitsbildern zusammenfallen dürfen: „Sie sollen im Gegenteil alle die Varianten umfassen, die nach unserer praktisch gerichteten Schätzung in die Breite des Normalen fallen. Wohl aber können sie sich in ihren extremen Ausbildungen den Krankheitsbildern annähern und solcherart die vermeintliche Kluft zwischen dem Normalen und dem Pathologischen ausfüllen helfen."[192]

Des Weiteren geht Freud überraschenderweise und im Widerspruch zu seiner Behauptung, dass es eine „ideale Harmonie bedeuten würde"[193], wenn alle drei libidinösen Strebungen miteinander vorkämen, davon aus, dass „die reinen Typen mit dem unbestrittenen Übergewicht einer einzelnen seelischen Instanz größere Aussicht haben, als reine Charakterbilder aufzutreten, während man von den gemischten Typen erwarten könnte, daß sie für die Bedingungen der Neurose einen günstigeren Boden bieten."[194]

Allerdings enthält sich Freud einer Entscheidung über diese Verhältnisse, da sie noch nicht sorgfältig untersucht seien, und er räumt ein, dass die ätiologischen Bedingungen der Neurose noch längst nicht sicher erkannt seien. Auf keinen Fall aber bringt Freud die Entstehung der libidinösen Typen mit Angstbedingungen in Verbindung, denen der Mensch existentiell ausgesetzt ist.

Die Riemannsche Auffassung der Angst und die Entstehung von Neurosen geht somit über das Freudsche Denken hinaus, obwohl es als Ausgangspunkt noch zu erkennen ist, insbesondere was Riemanns Auffassung von der Angst**entstehung** betrifft: Wie Freud geht Riemann davon aus, dass die Angst entsteht, wenn das Ich Eindrücken ausgesetzt ist, die von ihm noch nicht verkraftet werden können. Der aktivierende positive Aspekt der Angst, wie Riemann ihn beschreibt, der als Aufforderung dient, einen weiteren Schritt in der persönlichen Entwicklung zu vollziehen, entfällt, wenn die Angst zu groß, zu intensiv oder von zu langer Dauer ist. Dies ist für Riemann ebenso wie für Freud natürlicherweise mehr in der Kindheit der Fall, das heißt in einem Alter, wo der Mensch ein noch schwaches Ich hat. Wird ein Kind mit nicht altersgemäßen Angsterlebnissen oder zu großen Angstquantitäten konfrontiert, kann man mit Sicherheit davon ausgehen, dass es zu Entwicklungshemmungen, Stehenbleiben oder Zurückgleiten in frühere, kindlichere Verhaltensweisen sowie Symptombildungen kommt.

Auffällig ist jedoch die Tatsache, dass Riemann die Angst**bedingungen** völlig anders begründet. Er erwähnt mit keinem Wort weder den Ödipuskomplex noch die Kastrationsangst – beides Pfeiler der Freudschen Psychoanalyse sowie **die** Erklärung für die Entstehung von Angst bei Freud. Damit rückt Riemann deutlich von Freud ab und begibt sich außerhalb der psychoanalytischen Theorie. Ähnlich wie wir es auch noch beim Theologen Pfister sehen werden, stehen für Riemann narzisstische Störungen im Vordergrund bei der Entstehung neurotischer Störungen.

Oskar Pfister

Pfister entwickelte keine eigene Angsttheorie. Er lehnte sich insgesamt an die Psychoanalyse Freuds an, „jedoch mit starken Reserven gegen Freuds Theoriebildung"[195], das heißt er übernahm Teile der psychoanalytischen Lehre da, wo sie ihm zweifelhaft erschienen, nicht. „Von Anfang an" vertrat Pfister „den Grundsatz, Freud nur zu glauben, was sich [ihm] durch eigene Beobachtung bestätigte. An manchen Punkten blieb [er] jahrelang skeptisch; an einigen"[196] blieb er es bis zum Schluss.

1908 wendete sich Pfister an den Psychoanalytiker C.G. Jung, als er bei einem pathologischen Seelsorgefall nicht weiterkam, und dieser machte ihn mit der psycho-analytischen Methode Freuds bekannt, das heißt vor allem mit dem Phänomen des Unbewussten. Damit brachte Jung die entscheidende Wende in Pfisters Leben, der zu diesem Zeitpunkt immerhin schon 35 Jahre alt war. Noch 1944 schrieb er: „Daß alle Neurosen durch einen ins Unbewußte verdrängten Gewissenskonflikt verursacht seien, der durch vorsichtige Anwendung eines Assoziations- und Deutungs-verfahrens zuverlässig aufgedeckt werden könne und daß jener folgenschwere unbewußte Konflikt, der auch das religiöse und sittliche Leben aufs stärkste in seinen Bann ziehen kann, durch dasselbe Verfahren höchst wirksam zu beeinflussen sei, erschien mir als eine wissenschaftliche Offenbarung ersten Ranges."[197]

Obgleich Pfister sich mit dem „weltanschaulichen, anfangs mehr materialistischen, später agnostischen Hintergrund" der Psychoanalyse nie „befreunden" konnte, zogen ihn ihre „exaktwissenschaftlichen Grundzüge"[198] unwiderstehlich an. So begann er nach grundlegendem Studium der Werke Freuds und anderer psychoanalytischen Arbeiten sowie einer nach eigenem Zeugnis selbst durchlaufenen Analyse[199] die Psychoanalyse in seine seelsorgerliche Arbeit zu integrieren und schuf die von ihm so benannte „Analytische Seelsorge".

Pfister wurde ein begeisterter und treuer Anhänger der psychoanalytischen Methode Freuds sowie dessen langjähriger Freund. Trotz der tiefgreifenden weltanschaulichen Differenzen haben sich beide dreißig Jahre lang, bis zu Freuds Tod, in einem intensiven Briefwechsel[200] stets freundschaftlich auseinandergesetzt. In einem seiner ersten Briefe an Pfister bekennt Freud: „Ich bin sehr frappiert, daß ich selbst nicht daran gedacht habe, welche außerordentliche Hilfe die psychoanalytische Methodik der Seelsorge leisten kann, aber es geschah wohl, weil mir als bösem Ketzer der ganze Vorstellungskreis so ferne liegt. [...] An sich ist die Psychoanalyse weder religiös noch das Gegenteil, sondern ein unparteiisches Instrument, dessen sich der Geistliche wie der Laie bedienen kann, wenn es nur im Dienste der Befreiung Leidender geschieht."[201]

Bereits 1913 erschien das erste Lehrbuch der Psychoanalyse von Pfister: „Die psychanalytische Methode". Die Begriffe „psychanalytisch" und „Psychanalyse" sind Wortschöpfungen Pfisters, der diese Bezeichnungen vorzog, da sie „etymologisch richtiger" seien.[202] Freud selbst schrieb zu diesem Lehrbuch das Vorwort. Gleichzeitig verschrieb sich Pfister der Verteidigung der Psychoanalyse, die derzeit mehr Feinde als Freunde hatte und besonders in Theologenkreisen mit Ablehnung und Misstrauen verfolgt wurde. Pfisters Bemühung war dabei immer, Sympathie für die Psychoanalyse zu erwecken, ihre Ziele, ihre Methode, ihre Ergebnisse und ihre Bedeutung zu vermitteln. Gleichwohl warnte er stets davor und erklärte es für „unstatthaft", unter den Begriff der Psychoanalyse eine „gesamte Seelenkunde oder gar Weltanschauung, z.B. diejenige Freuds [...] zu subsumieren."[203] Auch Freud schrieb in „Zukunft einer Illusion": „In Wirklichkeit ist die Psychoanalyse eine Forschungsmethode, ein parteiloses Instrument, wie etwa die Infinitesimalrechnung. [...] Verteidiger der Religion werden sich mit demselben Recht der Psychoanalyse bedienen"[204] wie Religionslose.

Ihre hervorragende Bedeutung besaß die psychoanalytische Methode für Pfister nicht allein in der Möglichkeit, mit ihr die unbewussten Konflikte seiner Klienten aufzudecken und sie damit von ihren Ängsten und Zwängen oder anderen krankhaften Störungen zu befreien, also als Hilfe bei seiner seelsorgerlichen Arbeit, sondern er sah darüber hinaus in ihr ein Mittel zur „Befreiung der Religion von neurotischen Zügen."[205] Eine Gefahr für die Religion oder die Religiosität entdeckte er nicht in ihr: „Ich glaube nicht, daß die Psychoanalyse Kunst, Philosophie, Religion beseitige, sondern daß sie jene läutern hilft."[206]

Einen Beitrag dazu sollte Pfisters Alterswerk „Das Christentum und die Angst" leisten. Es erschien 1945 und enthält die Ergebnisse seiner langjährigen Analysen der

Geschichte der christlichen Religion. Pfister stellte hier ausführlich die Bedeutung der Angst in den verschiedenen geschichtlichen Epochen innerhalb des Christentums dar und versuchte, sie mit Hilfe der psychoanalytischen Methode zu deuten. Sein Fazit: Die Geschichte des Christentums ist vorwiegend geprägt von einer alles beherrschenden Angst, die in den verschiedenen Zeiten von der katholischen sowie der protestantischen Kirche jeweils unterschiedlich benutzt wurde, um die Gläubigen ebenso sehr wie die Nicht- bzw. Andersgläubigen mit Ängsten zu erfüllen und somit unter Druck zu setzen.

„Die Kirchengeschichte, die durchleuchtet sein sollte vom Geist der Liebe Jesu Christi und deren Inhalt in erster Linie die Bestrebungen ausmachen sollten, die Menschen mit christlicher Liebe zu erfüllen und sie zu Organen der göttlichen Liebe zu machen, läßt von diesen Bemühungen [...] viel zu wenig erkennen. Endlose Streitigkeiten um Dogmen, um so liebloser, fanatischer, grausamer geführt, je spitzfindigere, unfaßlichere und liebesfernere Kleinigkeiten sie betreffen, Händeleien um Kultusformen, denen magische Kraft beigelegt wird, bebende Angst ums Seelenheil, wenn Abweichungen von der Kirchensatzung vom Gewissen auferlegt werden, grimmiger Haß auf Ketzer, die, durch Bibelstudium und Glaubenserfahrungen bestimmt, vermeintlich aber durch satanische Künste verführt, der kirchlichen Satzung Glauben und Gefolgschaft verweigern mußten, Macht-, Geld- und Rechtsfragen, die dem Evangelium zuwiderlaufen, beanspruchten viel mehr Interesse, als die Verwirklichung der göttlichen und menschlichen Liebe."[207]

Pfister verfolgt in seinem Werk die Geschichte des Christentums von ihren Anfängen an und kommt zu der Erkenntnis, dass sie typische Merkmale einer Zwangsneurose kennzeichnet: Den Zeiten der Auflehnung gegen die Angst und die Dogmenzwänge, in denen Freiheit und Liebe die Oberhand gewannen, folgten immer sehr bald wesentlich längere Perioden der Angst und der kirchlichen Unterdrückung. Selbst im frühen Christentum habe die Angst viel mehr im Mittelpunkt gestanden als die Liebe, die für Pfister der eigentliche Kern der christlichen Lehre ist. „Nach Jesu Grundgebot der Gottes-, Nächsten- und Selbstliebe, nach der Höherwertung der Liebe gegenüber Glaube und Hoffnung bei Paulus (1. Kor. 13,13), nimmt sich die Geschichte der Christenheit wie ein **ungeheures Mißverständnis**, wie eine **Krankengeschichte des Christentums** aus."[208]

DIE ANGST BEI PFISTER

„**Störungen des Liebesdranges im allgemeinen und Schuldgefühl im Besonderen, eine Spezialform von Liebesstörung, sind**" für Pfister „**die beiden Hauptursachen der Angst.**"[209] Er denkt „dabei an Stauungen der triebhaften (primären), oder sittlichen, oder religiösen Liebe, an Hemmungen der Selbst-, Nächsten- oder Gottesliebe." Selbst-, Nächsten- und Gottesliebe „hängen" für Pfister „irgendwie [...] innerlich zusammen".[210] „Je nach dem individuellen Liebesbedürfnis und -anspruch, sowie nach der äußeren Lage", meint Pfister, „wird mehr die eine oder die andere Stauung im Vordergrund stehen.[211] Er nennt dann vier Störungen des Liebes- oder, wie er es auch nennt, **Lebens**dranges, die zu „Liebesverhinderungen"[212] mit schweren neurotischen Erkrankungen führen können:

1. Die Vernachlässigung und Verwahrlosung, bei denen „das Liebesangebot des Kindes zurückgewiesen"[213] bzw. nicht angenommen wird. Dies führt nach Pfister zu einem „Liebesrückzug", was eine „Abschließung nach außen" zur Folge hat und zu einer „zentripedalen Entwicklung des Charakters"[214] führt.

2. Verwöhnung und Verzärtelung, in deren Folge sich dann „die Liebesansprüche [...] bis zur Unerfüllbarkeit steigern".[215]

3. Störungen der Selbstliebe, durch „lieblose und verächtliche Behandlung", die „Minder- oder Unwertigkeitsgefühle" hervorrufen, „die bei hohen Graden leicht Angstcharakter annehmen".[216]

4. „Einschränkung des Freiheitstriebes". Pfister ist der Auffassung, dass „schon die Beeinträchtigung des physischen Bewegungsdranges, noch mehr aber die geistige „Knechtung" bei „Individuen mit starkem Freiheitsbedürfnis zu Triebstauungen, die zur Angst disponieren"[217] führen.

Hier ist eine deutliche Parallele zu den vier von Riemann genannten Entwicklungsstörungen zu erkennen, obwohl Pfister keine zeitliche Zuordnung vornimmt. Ebenfalls wird eine weitere Gemeinsamkeit in der Auffassung von Pfister und Riemann hinsichtlich der Ätiologie der Angst deutlich. Obwohl sich Pfister weitgehend an Freud anlehnt, sieht er ebenso wie Riemann in der narzisstischen Störung die

Hauptursache der Angst. „In den weitaus meisten Angst-erscheinungen [...] führt die Ergründung der Motive auf Liebeshemmungen, unter denen Stauungen der Selbstliebe eine nicht unbeträchtliche Rolle spielen."[218]

Damit ist das erwähnte Schlüsselwort zum Pfisterschen Denken nochmals genannt: **die Liebe**. Er widmete sich diesem Thema nicht nur in einem seiner bedeutendsten Werke: „Die Liebe des Kindes und seine Fehlentwick-lungen", sondern in allen seinen Werken steht die Liebe im Mittelpunkt. Auch und gerade in seinem Alterswerk „Das Christentum und die Angst", das „Wesen und Geschichte der christlichen Liebe" behandelt und ebensogut, wie Thomas Boenhoeffer im Vorwort zur 2. Auflage dieses Buches schreibt: „Liebesdrang, Liebesstauungen und Sublimation im Christentum" heißen könnte.

In dem Wort „Furcht ist nicht in der Liebe, sondern die vollkommene Liebe treibt die Furcht aus, denn die Furcht hat Pein: wer sich aber fürchtet, ist nicht zur Vollkom-menheit in der Liebe gelangt" aus dem 1. Johannesbrief, 4,18, liegt für Pfister daher die gesamte Erklärung der Angstverursachung und ihrer Überwindung verborgen. Es fallen für ihn „auch Freuds Ätiologien der Angst unter [diesen] lehrsatzähnlichen Spruch."[219] Dass in ihm von Furcht die Rede ist und nicht von Angst, misst Pfister keine Bedeutung bei: „Im Neuen Testament wird eben eine scharfe Trennung zwischen religiöser Furcht und Angst (thlipsis) nicht vollzogen."[220]

Den „Unterschied" zwischen der mehr „geistig" zu verstehenden Liebe im Johannesbrief und der Liebe bei Freud „mehr im primären Sinn, als Geschlechtlichkeit (libido)"[221] überbrückt Pfister mit der auch von Freud immer wieder betonten Ausdehnung des Begriffs der „Sexualität" innerhalb der Psychoanalyse. „Der Begriff des Sexuellen umfaßt in der Psychoanalyse weit mehr. [...] Wir gebrauchen das Wort Sexualität in demselben umfassenden Sinne wie die deutsche Sprache das Wort ‚lieben'."[222]

Die Heilung der von Ängsten und Zwängen Geplagten erfolgt Pfisters Meinung nach „durch die Wiederherstellung der Liebe und ihre Erhebung zur Lebensdominante."[223] Das Ziel der seelsorgerlichen Arbeit sei „die Versittlichung, welche Sublimierung (d.h. die Überleitung des Lebensdranges auf Nichtsexuelles) oder sittliche Triebverwertung fordern kann"[224], wobei „Lebensdrang" bei Pfister für Libido, Sexualtrieb, Liebesdrang steht.

Er unterscheidet dabei peinlich genau zwischen weltlicher und geistlicher Seelsorge: „Mir scheint, daß die Analyse als solche ein rein ‚weltliches' Geschäft sein muß. Sie ist ihrem Wesen nach rein privat und gibt direkt keine Werte. [...] Der barmherzige Samariter hielt auch keine Predigt, und es wäre geschmacklos, die geglückte Kur nachträglich durch Glaubensverpflichtungen bezahlen zu lassen."[225] Dennoch war er in erster Linie Pfarrer, und er begnügte „sich nicht damit, daß **irgendeine** Lösung des inneren Konfliktes erfolgt, wenn nur das Krankheitssymptom weicht. [...] Man vergesse nicht, daß die Analyse stets nur das Pflügen ist, dem das Säen nachfolgen muß!"[226] Pfister wollte „den Menschen zu einem Gefäß und Werkzeug der göttlichen

Liebe und der Menschenliebe machen."[227] Sein „Erlösungs-
begriff" umschließt „ein positives Ideal, das durch das
Evangelium bestimmt ist. Auch Freud hält es für ganz
selbstverständlich, daß der Pädagoge, wie der Seelsorger,
die Analyse innerhalb seiner Berufsbestimmung ausübt.
Dabei bin ich der Ansicht, daß die hierdurch geforderte
Ergänzung der analytischen Arbeit erstens nicht zu früh
einsetzen darf – das Säen darf dem Pflügen nicht voraus-
eilen – und daß man sich zweitens aller phantastischen
Spekulationen [...] sorgfältig enthalten muß."[228]

Freud hatte Pfister um die Möglichkeit der Sublimierung
zur Religion therapeutisch beneidet, „aber das Schöne der
Religion gehört gewiß nicht zur Psychoanalyse. Es ist
natürlich, daß sich hier in der Therapie unsere Wege
scheiden".[229] Wie bereits oben erwähnt, gehen Freud und
Pfister nicht erst in der Therapie verschiedene Wege. An
der ganz entscheidenden Stelle der psychoanalytischen
Theorie, nämlich der Sexualtheorie, wird Pfister sich der
Freudschen Auffassung nie anschließen. Die Differenzen,
die zwischen Freud und Pfister hier bestehen, stellten für
Freud ein bleibendes Ärgernis dar, was sogar den regen
Briefwechsel zeitweilig unterbrach. So lesen wir in einem
Brief Freuds an Pfister: „Zweitens ärgerte ich mich über den
geringen Erfolg meiner Bemühung, Sie in den Sachen der
Sexualtheorie zu bessern und nahm mir vor abzuwarten, bis
dieser Affekt verraucht sei".[230]

Pfister definiert Liebe als „das einem Bedürfnis entsprin-
gende, auf ein Befriedigung verheißendes Objekt gerich-
tete   Sichhingezogenfühlen   und   Sichhingeben".[231]
Er bezweifelte nicht, dass „der Ursprung der Liebe im

Triebleben zu suchen sei. Ferner ist [...] nicht ein passiver und ruhender Zustand das in ihr Vorherrschende [...], sondern ein Streben".[232] Sie kann entweder „ganz oder vorwiegend der **sinnlichen** Sphäre angehören"[233], oder sie ist „sublimierte Liebe" und hat „alles Sinnliche aus dem Liebesziel" gestrichen.[234]

Und obwohl diese Auffassungen Pfisters zunächst keinen Widerspruch zu Freud erkennen lassen, ist für Pfister die Liebe allumfassender. „Der Freudianer Pfister kann paradoxerweise von Liebe und Gottesliebe als im Grunde derselben Sache reden und auch Angst und Angst vor Gott" scheinen „irgendwie äquivalent".[235] Pfister weigert sich weiterhin, der Annahme von Partialtrieben zuzustimmen und erregt damit den Unmut von Freud: „Was fällt Ihnen denn ein, die Zerlegung des Sexualtriebes in Partialtriebe zu bestreiten, wozu die Analyse uns jeden Tag nötigt?"[236]

Die Kastrationsangst gar kommt in Pfisters umfassenden Werk über die Angst im Christentum überhaupt nicht vor, das heißt, er hat die 2. Angsttheorie Freuds nie vollständig angenommen. In seinem Kapitel über die Herleitung der Angst bei Sigmund Freud schreibt Pfister u.a.: Freud „charakterisiert [...] die Angst als Realangst (Furcht) und zwar vor Bestrafung infantiler Oedipuswünsche, die nicht nur als unerlaubte Liebesbegierde, sondern auch als Haß (Aggressionstendenz, Sadismus, Destruktionsgelüste), damit als Schuld gefühlt werden und die Gefahr der Strafe im Bewußtsein wachrufen".[237] Diese Angst „vor schwerer

Strafe"[238] nennt Pfister im folgenden Satz „Schuldangst". Er vermeidet es, von Kastrationsangst zu sprechen und gibt Freuds Auffassung von Angst so nur sehr ungenau, um nicht zu sagen falsch wieder.

Außerdem interpretiert Pfister Freuds „Realangst" in seiner Klammer als **Furcht**. Freud hatte es in der 25. Vorlesung über „Die Angst" vermieden zu klären, ob die Begriffe Angst und Furcht in unserem Sprachgebrauch „das Nämliche" bedeuten, obwohl er tatsächlich zwischen ihnen einen Unterschied postuliert: „Angst bezieht sich auf den Zustand und sieht vom Objekt ab, während Furcht die Aufmerksamkeit gerade auf das Objekt richtet."[239] Dennoch spricht Freud selbst ausschließlich von Angst,

Wenn Pfister Freuds ursprüngliche Unterscheidung zwischen Furcht und Angst wieder einführt und sich so gleichzeitig von dessen Terminologie entfernt, könnte der Grund in dem oft unterschiedslosen Gebrauch der beiden Wörter im Allgemeinen und speziell in der Bibel zu suchen sein, den er auch besonders betont. Ohne Zweifel aber unterstreicht er mit der Abweichung von Freuds Terminologie seine erhebliche Distanz zu Freuds Theorie überhaupt. Im weiteren verwendet Pfister den Begriff Furcht, wenn ein Objekt angegeben werden kann, den Begriff Angst, wenn ein Objekt fehlt, womit er sich einerseits an die von Freud seinerzeit gemachte Unterscheidung anlehnt, andererseits an die terminologische Unterscheidung der beiden Begriffe hält, wie Kierkegaard sie getroffen hatte und wie sie für die Existentialisten maßgebend wurde. In dieser Weise bringt er deutlich seine Nähe zur Philosophie zum Ausdruck.

PFISTER ALS ANALYTISCHER SEELSORGER

„Die Überwindung der Angst gehört zu den wichtigsten Aufgaben aller Religionen, auch der christlichen",[240] schreibt Pfister 1941, und von Anfang an machte er diese Aufgabe zu seiner eigenen.

Als „Analytische Seelsorge" bezeichnet Pfister „diejenige Tätigkeit, welche durch Aufsuchung und Beeinflussung unbewußter Motive religiöse und sittliche Nöte und Schäden zu überwinden trachtet.,[241] Er war bei dieser Tätigkeit von dem Bewusstsein erfüllt, „nur die von Jesus genial geübte Seelenbehandlung in neuem Gewande auszuüben."[242] „Mein Vorbild war dabei Jesus, der in der Heilung des Lahmen (Matthäus 9, 1-7) fast 1900 Jahre vor Freud Analyse getrieben hatte, indem er zuerst den seelischen Konflikt in Angriff nahm, dann aber auch folgerichtig die hysterische Lähmung aufhob."[243] „Seine Seelsorge ist zunächst eine **ursächliche. Damit vertritt Jesus das Grundprinzip der Psychoanalyse.**"[244] **„ *'Zurück zu Jesus!'* wurde meine Losung gegenüber der ekklesiastischen Verengung des Begriffes Seelsorge.**"[245]

In „Die Illusion einer Zukunft" sagt Pfister zwar: „Nicht, daß man Jesus [...] als ersten Analytiker im Sinne Freuds hinstellen dürfte! Aber seine Erlösungsseelsorge weist in ihren Grundzügen so entschieden in die Richtung der Analyse, daß sich die Christen schämen sollten, einem Nichtchristen die Verwertung dieser leuchtenden Fuß-spuren überlassen zu haben."[246] Dass Pfister Freud hier als

„Nichtchristen" bezeichnet, mag befremden, darf aber meiner Meinung nach nicht missverstanden bzw. so interpretiert werden, als wolle er Freud als Juden herabwürdigen. Freud selbst hatte diesen Gedanken Pfister gegenüber geäußert: „Warum hat keiner von all den Frommen die Psychoanalyse geschaffen, warum mußte man da auf einen ganz gottlosen Juden warten?"[247]

Natürlich hätte er „Atheist" schreiben können, aber Pfister war christlicher Pfarrer und als „gottloser Jude" war ihm Freud sicherlich näher als als Atheist. Auf jeden Fall stand bei Pfister stets der Mensch als solcher und dessen Wirken im Vordergrund. Die grundsätzlichen Differenzen zwischen Freud und Pfister hinsichtlich der Religion bezogen sich stets auf die Glaubensfrage an sich; da stand auf der einen Seite Freud, der sich weiterhin als ungläubigen „bösen Ketzer" bezeichnete und auf der anderen Seite Pfister, der Freud tief verehrte und in ihm die Verkörperung des christlichen Gedankens sah: „denn wer für die Wahrheit lebt, lebt in Gott, und wer für die Befreiung der Liebe streitet, bleibt in Gott, [...] so möchte ich auch von Ihnen sagen: 'Ein besserer Christ war nie!'"[248] Hier kommt gewissermaßen eine dieser typischen christlichen Anmaßungen zum Ausdruck: Ein „guter", „wahrhaftiger" Mensch kann in den Augen eines Christen nur „ein Christ" sein.

Beide haben in ihren Briefen einander bekannt, dass sie sich im Grunde trotz der sie trennenden Glaubensdinge nicht sehr fern stünden. „Wir wissen, daß wir auf verschiedenen Wegen dasselbe für die armen Menschlein anstreben,"[249] schrieb Freud, und nie spielte zwischen ihnen die Zugehörigkeit zu einer bestimmten Religion eine Rolle.

Eine Sichtweise hingegen, wie sie von H.W. Kienast in seinem Vortrag „Die Bedeutung der Tiefenseelsorge Oskar Pfisters" geäußert wurde: „Ferner darf nicht übersehen werden, daß Freud als Mediziner einen Mann wie Oskar Pfister sehr nötig hatte. Ohne dessen solide Theologie und Philosophie (Freud hatte beides nicht in gleichem Umfang) und ohne den Heiligenschein einer christlichen Befürwortung, durch die Pfister die psychoanalytische Bewegung verbreitete und vertiefte, lief seine Methode Gefahr, esoterisch und mehr oder weniger im jüdischen Umkreis ihres Begründers fixiert zu bleiben", muss meiner Ansicht nach nur als unerhörte Diffamierung Freuds zurückgewiesen werden, die zudem die Bedeutung Pfisters in Bezug auf Freuds Rezeption und Anerkennung maßlos überschätzt.

Mit Pfisters Auffassung, Jesu Erlösungsseelsorge weise in Richtung der Psychoanalyse war er einer der ersten, der auf den inhaltlichen Zusammenhang der Lehre Jesu und Freuds hinwies. Das Thema „Jesus und Freud" hat seitdem viel Interesse gefunden, und es ist dazu eine Vielzahl von Literatur entstanden. Ich möchte hier nur auf ein „Symposium von Psychoanalytikern und Theologen" hinweisen, die sich 1972 unter der Leitung von Heinz Zahrnt mit diesem Thema auseinandersetzten, sowie auf das Buch „Jesus als Psychotherapeut" von Hannah Wolff aufmerksam machen.

Für Pfister ist der **„Ausgangspunkt, [...] von dem aus Jesus die Angst- und Zwangsneurose des Judentums überwindet [...], die Gottes- und Menschenliebe, und zwar nicht nur als Lehre, sondern als Erleben und Leben [...]"**[250], und er zitiert Matthäus 9,36, um seine Auffassung zu bekräftigen: „Als er aber die Volksmenge sah, fühlte er Erbarmen mit ihnen; denn sie waren abgequält und erschöpft wie die Schafe, die keinen Hirten haben."

Hinter all den Leiden wie Minderwertigkeitsgefühl, Verworfenheitsbewusstsein, Überschüchternheit, Teufelsbesessenheit, Orthodoxie und viele andere mehr, auf die Pfister in seiner täglichen Praxis als Seelsorger stößt, findet er „seelische Konflikte [verborgen], die in erster Linie Angst erzeugen, zum Zwecke der Angstabwehr aber auch eine ungeheure mannigfache Schar von körperlichen und seelischen Leiden hervorbringen."[251] Auch religiöse Ansichten, die mit unmittelbaren göttlichen Offenbarungen verbunden werden, erweisen sich sehr oft als Angstprodukte; an diesem Punkt beginnt für Pfister in seiner täglichen Arbeit bereits die „Läuterung der Religion".

Läuterung der Religion und Nutzbarmachung der Angst, um „die Liebe zu Gott, dem Menschen und sich selbst"[252] bestmöglich zu fördern. Dies sind die bereits genannten Ziele, die Pfister mit Hilfe der Psychoanalyse erreichen will. Das heißt, obwohl er ebenso wie Freud in der Angst einen Konflikt sieht, der überwindbar, auflösbar sei, ist ihm an völliger Angstfreiheit nicht unbedingt gelegen. „Vielleicht wird sich herausstellen, daß die absolute Verhütung der Angst, ihre vollkommene Ausrottung der christlichen Liebe am zuträglichsten sei; aber von vornherein sicher ist es nicht."[253]

Bringt Pfister sich hier in den Verdacht, die Angst zum Kalkül zu machen? Untermauert er nicht den Vorwurf der Aufklärung und Freuds gegenüber den Theologen, sie benutzten die Angst als Denkhemmung, um die Menschen an die Kirche zu binden?

Es ist schon überraschend, wie Pfister, nachdem er der Angst den Kampf angesagt hat, plötzlich diese relativiert und nur noch die „peinigende [...] Angst" bzw. „jede Angst hohen Grades" als Gefahr für die „christliche Liebe" gelten lässt. Dagegen bewertet er nun **„sublimierte Furcht, die Ehrfurcht"** im Sinne Friedrich Hellers positiv. Nur **„sobald in der Ehrfurcht der Furchtbetrag, das tremendum gegenüber dem fascinosum zu stark anschwillt, steht die Liebe in Gefahr."**[254]

Dennoch halte ich den Verdacht für unbegründet. Aus dem Bemühen Pfisters, die Menschen der Liebe zuzuführen, spricht stets seine große Redlichkeit, sie in erster Linie von ihren Ängsten zu befreien. Die Liebe ist dabei allerdings das erklärte Ziel, und das ist für den Analytiker Pfister zunächst die Liebe zu sich selbst, die Eigenliebe. Ist der Mensch in die Lage gekommen, sich selbst anzunehmen, sich zu lieben – Paul Tillich spricht in diesem Zusammenhang von „dem Mut, man selbst zu sein"[255] –, setzt die Arbeit des Pfarrers Pfister ein, und es beginnt das, was er als Säen nach dem Pflügen bezeichnet, die Hinführung zum christlichen Glauben – bei Paul Tillich finden wir hier die Feststellung der „Grenzen des Mutes, man selbst zu sein" und die Aufforderung, „sich zu bejahen als bejaht".[256]

In „Psychoanalyse und Weltanschauung" rechtfertigt Pfister sein Vorgehen: „Wenn der Arzt die Verlockungsprämie der Genesung mit Recht ausspielt, so wird es gewiß auch in manchen Fällen, wo der Unwert des Daseins einen Patienten bedrückt, sich empfehlen, auf den Gewinn eines beglückenden und wertvollen, der wahren Natur und Bestimmung entsprechenden Lebensinhaltes hinzu-weisen."[257] Pfister ist also offenbar überzeugt: „Wenn man erst einmal, durch Jesus oder seine Nachfolger angestoßen [...], auf diesen Weg gekommen ist, dann ist ein so über-zeugender, so stabiler Kreisprozeß in Gang gekommen, daß es, bei normaler Benutzung der kirchlich-traditionellen Stützen des Glaubens an die Liebe, eigentlich keinen Rückfall mehr geben kann."[258]

Hier wird die tiefe Kluft zwischen Pfister und Freud sichtbar. Freud beneidet Pfister zwar „um die Möglichkeit der Sublimierung zur Religion"[259], aber sie ist für ihn nicht die **Lösung**, sondern lediglich die **Verschiebung** der mensch-lichen Konflikte. Freud sieht in Pfisters Glauben „den jähen Abbruch [...] des wissenschaftlichen Denkens".[260] Er möchte die Analyse „einem Stand von **welt**lichen Seelsorgern [übergeben], die Ärzte nicht zu sein brauchen und Priester nicht sein dürfen"[261]; denn: „Die Unwissenheit ist die Unwissenheit; kein Recht, etwas zu glauben leitete sich aus ihr ab."[262]

Schlussbemerkung

Aber ist es Pfister nicht gelungen, die Auffassung Freuds und die existentielle Deutung der Angst Riemanns in Einklang zu bringen?

Obwohl er die Angst nicht für existentiell hält, ist es ihm nicht erstes und oberstes Ziel, sie völlig zu beseitigen. Er hält es sogar für möglich, sie positiv zu nutzen, wenn es gelingt, sie auf ein Maß zu reduzieren, mit dem der Einzelne umgehen kann. Somit hat Pfister, zumindest für sich, zwischen den beiden unvereinbar scheinenden Positionen eine Brücke geschlagen.

Die Psychoanalyse „ruht" laut Freud „auf der allgemeinen wissenschaftlichen Weltanschauung, mit welcher die religiöse unverträglich bleibt"[263], aber Pfister glaubt nicht an die Wissenschaft als solche. „Ich muß gestehen, daß ich bei aller Freude an den Fortschritten der Wissenschaft und Technik an die Suffizienz und Tragfähigkeit dieser Lösung des Lebensproblems nicht glaube",[264] schreibt er Freud, und dies zu einer Zeit, da die Wissenschaftsgläubigkeit Freuds keine Ausnahme war.

Wir wissen heute, dass mit einer reinen Wissenschaft, die ohne moralische Werte angewendet wird, die Menschheit auf den Untergang zusteuert. Auch sind die Ängste der Menschen keinesfalls verschwunden, die Furchtobjekte haben sich lediglich gewandelt.

Die Konstruktion Riemanns, bei der er die genannten kosmischen Gesetze auf die Gesetzmäßigkeiten der menschlichen Psyche überträgt, stellt einen Versuch dar, mit Hilfe eines Bildes die von ihm postulierten Grundängste des Menschen zu erklären und besser zu verstehen sowie die Annahme und Auseinandersetzung mit ihnen zu ermutigen – weit entfernt von einer göttlichen Weltordnung, in der der Mensch in der Vorsehung lebt und Mittelpunkt des Interesses Gottes ist.

„Im Annehmen der Angst und im Versuch, sie zu überwinden, wächst uns ein neues Können zu"[265] schreibt Riemann, und so sieht er, ebenso wie Freud, in jeder Angstbewältigung einen Sieg, der stärker macht und in jedem Ausweichen vor ihr eine Niederlage, die schwächt.[266]

Die Auseinandersetzung mit den Auffassungen der Angst bei Freud, Riemann und Pfister hat bei aller Verschiedenheit doch eine Gemeinsamkeit deutlich gemacht: Gleichgültig, wie die Angst verstanden wird – als existentiell zum Menschen gehörig oder als äußerer oder innerer Konflikt, der auflösbar ist – die Angst besitzt eine zentrale Bedeutung für den Menschen und sie ist nicht zu umgehen. Der Mensch ist mit der Angst konfrontiert, und er muss sich mit ihr auseinandersetzen. Tut er dies nicht, sind Störungen des seelischen Gleichgewichts nicht zu vermeiden.

QUELLENANGABEN

1)   Im Folgenden werde ich auf alle Zitate aus diesem Manuskript mit „R. Schlesier" plus Seitenangabe verweisen.

2)   W. Loch: Begriff und Funktion der Angst in der Psychoanalyse. In: Zur Theorie, Technik und Therapie in der Psychoanalyse, Frankfurt a.M. 1972

3)   F. Riemann: Grundformen der Angst. Eine tiefenpsychologische Studie, München 1981

4)   Vgl. P. Tillich: Der Mut zum Sein. In: Sein und Sinn, Ges. Werke, Band XI, Stuttgart 1982.

5)   vgl. J.W. Stettner: Pfister als Pastoraltheologe. In: Wege zum Menschen 25, Heft 11/12; S. 443-451, Göttingen 1973

6)   Brief vom 24.11.1927 an Freud. (E. Freud: Briefe, S. 122.)

7)   J.W. Stettner: Pfister als Pastoraltheologe, S. 446

8)   Oskar Pfister: Das Christentum und die Angst, S. 447

9)   Ebenda, S. 200 und S.198

10)   J. Hoffmeister: Wörterbuch der philosophischen Begriffe, S. 43

11)   R. Schlesier, S. 2

12)   Ebenda, S. 2

13)   J. Hoffmeister: Wörterbuch der philosophischen Begriffe, S. 43

14)   R. Schlesier, S. 7

15)   Ebenda, S. 7

16)   Gebr. Grimm, Deutsches Wörterbuch, Bd. 1, Nachdruck der Erstausgabe (1854), München 1984

17)   S. Freud: 25. Vorlesung „Die Angst", In: Vorlesungen zur Einführung in die Psychoanalyse, Studienausgabe Bd. I, S. 393. (Auf alle folgenden Zitate, die dieser Ausgabe entnommen sind, werde ich mit „25. Vorlesung" plus Seitenangabe verweisen.)

18)   J. Hoffmeister: Wörterbuch der philosophischen Begriffe, S. 43

19)   Mackensen: Deutsches Wörterbuch, München 1977

20)   Duden, Band 7, Etymologie, 1963

21)   Ebenda

22)   Duden, Band 8, Sinn- und sachverwandte Wörter, 1972

23)   Mackensen: Deutsches Wörterbuch, München 1977

24)   R. Schlesier, S. 6

25)   Gebr. Grimm, Deutsches Wörterbuch, Bd. 1, Nachdruck der Erstausgabe (1854), München 1984

26)   R. Schlesier, S. 6

27) Wörterbuch der Pädagogik, Kröners Taschenbuchausgabe, Bd. 94, 12. Auflage, 1982

28) A. Neuhäusler: Grundbegriffe der philosophischen Sprache

29) P. Tillich: Der Mut zum Sein, S. 37

30) Lexikon der Pädagogik, Bern 1950

31) D. Sanders: Wörterbuch der deutschen Sprache

32) R. Schlesier, S. 8

33) E. Benz: Die Angst in der Religion, S. 193

34) R. Schlesier, S. 9

35) Ebenda

36) J. Hoffmeister: Wörterbuch der philosophischen Begriffe, S. 44

37) Ebenda

38) Ebenda

39) S. Kierkegaard: Der Begriff Angst, S. 41

40) Ebenda, S. 39

41) Ebenda, S. 39

42) Ebenda, S. 42

43) Ebenda, S. 40

44) Dieses und alle folgenden Bibelzitate sind, wenn nicht anders erwähnt, der Zwingli-Bibel, Zürich 1949 entnommen.

45) S. Kierkegaard: Der Begriff Angst, S. 43

46) Ebenda, S. 43

47) Ebenda, S. 43

48) Ebenda, S. 43

49) Ebenda, S. 46

50) Ebenda, S. 40

51) Ebenda, S. 161

52) Ebenda, S. 163 (Hervorhebung von mir)

53) Ebenda, S. 165

54) Ebenda, S. 163

55) Ebenda, S. 162

56) Ebenda, S. 168 (Hervorhebung von mir)

57) P. Tillich: Der Mut zum Sein, S. 35

58) S. Kierkegaard: Der Begriff Angst, S. 65

59) Ebenda, S. 82

60) Ebenda, S. 168

61) Ebenda, S. 169

62) J. Hoffmeister: Wörterbuch der philosophischen Begriffe, S. 43

63) H. Glaser: Sigmund Freuds Zwanzigstes Jahrhundert. Seelenbilder einer Epoche, Materialien und Analysen, S. 389

64) Karen Horney: Der neurotische Mensch unserer Zeit, S. 178. – Vgl. hierzu auch Karl Marx: „Die entfremdete Arbeit", Ökonomisch-philosophische Manuskripte (1844), MEW Ergänzungsband, I. Teil, S. 510-522

65) S. Freud: 25. Vorlesung, S. 380

66) R. Schlesier, S. 28

67) Ludwig Feuerbach: Vorlesungen über das Wesen der Religion, S. 189. (Auf alle folgenden Zitate aus dieser Schrift werde ich mit „L. Feuerbach: Vorlesungen" plus Seitenangabe verweisen.)

68) E. Benz: Die Angst in der Religion, S. 189

69) S. A. Tokarew: Die Religion in der Geschichte der Völker, S. 7

70) Ebenda, S. 7

71) Vgl. E. Benz: Die Angst in der Religion, S. 189f.

72) R. Schlesier, S. 23

73) Ebenda, S. 23

74) F. Heiler: Die Religionen der Menschheit, S. 35

75) L. Feuerbach: Vorlesungen, S. 32

76) Ebenda, S. 39

77) Ebenda, S. 42

78) Ebenda, S. 44

79) Ebenda, S. 44

80) L. Feuerbach: Das Wesen des Christentums, S. 71

81) Ebenda, S. 71

82) L. Feuerbach: Vorlesungen, S. 44

83) L. Feuerbach: Das Wesen des Christentums, S. 47

84) K. Marx: Zur Kritik der Hegelschen Rechtsphilosophie. (1844), MEW Bd. 1, S. 378

85) Ebenda, S. 378

86) Ebenda, S. 378

87) Ebenda, S. 379

88) Ebenda, S. 378

89) Vgl. hierzu u.a. Erich Fromm: Jenseits der Illusionen. Die Bedeutung von Marx und Freud, 1962

90) E. Benz: Die Angst in der Religion, In: Die Angst, S. 190

91) Th. Bonhoeffer: Das Christentum und die Angst – 30 Jahre später, S. 434

92) O. Pfister: Das Christentum und die Angst, S. 510

93) R. Schlesier, S. 29

94) Ebenda, S. 29

95) E. Benz: Die Angst in der Religion, S. 204

96) Ebenda, S. 204

97)	R. Schlesier, S. 29
98)	R. Schlesier, S. 29
99)	Ebenda, S. 30
100)	S. Freud: „Editorische Vorbemerkung" zu „Über die Berechtigung, von der Neurasthenie einen bestimmten Symptomenkomplex als ‚Angstneurose' abzutrennen", Studienausgabe, Bd. VI, S. 26
101)	S. Freud: 25. Vorlesung, S. 382. In: Vorlesungen zur Einführung in die Psychoanalyse, 3. Teil, Vorlesung XVI-XXVIII: (Allgemeine Neurosenlehre), Hugo Heller & Cie., Leipzig und Wien, I. Bauernmarkt 3, 1971
102)	Ebenda, S. 383
103)	Ebenda, S. 461.
104)	W. Loch: Hemmung, Symptom und Angst, S. 239
105)	S. Freud: 25. Vorlesung, S. 384
106)	Ebenda, S. 386
107)	Ebenda, S. 387
108)	Ebenda, S. 391
109)	S. Freud: Fußnote zur 4. Auflage der „Drei Abhandlungen zur Sexualtheorie" (1905), „Die Objektfindung" in der III. Abhandlung, Studienausgabe, Bd. V, S. 128
110)	S. Freud: 25. Vorlesung, S. 394
111)	S. Freud: Hemmung, Symptom und Angst, S. 235
112)	Ebenda, S. 235
113)	Ebenda, S. 236
114)	Maria Cardinal: Schattenmund – Roman einer Analyse, Hamburg 1979, S. 29
115)	S. Freud: Hemmung, Symptom und Angst, S. 237
116)	Ebenda, S. 239
117)	S. Freud: Jenseits des Lustprinzips, S. 217
118)	S. Freud: Hemmung, Symptom und Angst, S. 258
119)	Ebenda, S. 267
120)	Ebenda, S. 266
121)	R. Schlesier: „Konstruktion der Weiblichkeit bei Sigmund Freud – Zum Problem der Entmythologisierung und Remythologisierung in der psychoanalytischen Theorie", Königstein 1981, S. 168
122)	Ebenda, S. 171
123)	Ebenda, S. 172
124)	Ebenda, S. 172

125) S. Freud: 32. Vorlesung „Angst und Triebleben".
In: Neue Folge der Vorlesungen zur Einführung in die Psychoanalyse, S. 528
126) Ebenda, S. 528
127) Ebenda, S. 528
128) S. Freud: 25. Vorlesung, S. 397
129) W. Loch: Begriff und Funktion der Angst i. d. Psychoanalyse, S. 6
130) S. Freud: Hemmung, Symptom und Angst, S. 241
131) Ebenda, S. 240
132) H. Glaser: Sigmund Freuds Zwanzigstes Jahrhundert, S. 390
133) S. Freud: Die Zukunft einer Illusion, S. 177
134) Ebenda, S. 177
135) Ebenda, S. 162
136) Ebenda, S. 181
137) Ebenda, S. 181
138) Ebenda, S. 182
139) Ebenda, S. 182
140) Ebenda, S. 182
141) F. Riemann: Grundformen der Angst, S. 7
142) Ebenda, S. 8
143) S. Freud: Die Zukunft einer Illusion, S. 187
144) Vgl. O. Pfister: Die Illusion einer Zukunft
145) S. Freud: Die Zukunft einer Illusion, S. 183
146) F. Riemann: Grundformen der Angst, S. 7
147) P. Tillich: Der Mut zum Sein, S. 39
148) F. Riemann: Grundformen der Angst, S.11
149) Ebenda, S. 11
150) Ebenda, S. 11
151) Ebenda, S. 12
152) Ebenda, S. 12
153) Ebenda, S. 12
154) Ebenda, S. 13
155) Ebenda, S. 13
156) Ebenda, S. 13f
157) Ebenda, S. 14
158) Ebenda, S. 15
159) Ebenda, S. 14
160) Simone de Beauvoir: Alle Menschen sind sterblich, Hamburg
1970, S. 27
161) P. Tillich: Der Mut zum Sein, S. 41

162)   F. Riemann: Grundformen der Angst, S. 14
163)   Ebenda, S. 14
164)   Ebenda, S. 16
165)   Ebenda, S. 15
166)   S. Freud: Libidinöse Typen, S. 271
167)   Ebenda, S. 270
168)   F. Riemann: Grundformen der Angst, S. 16
169)   Ebenda, S. 17
170)   Ebenda, S. 17
171)   Ebenda, S. 17
172)   Ebenda, S. 17
173)   Ebenda, S. 37
174)   Ebenda, S. 37
175)   Ebenda, S. 53f
176)   Ebenda, S. 76
177)   Ebenda, S. 76
178)   Ebenda, S. 76
179)   Ebenda, S. 76
180)   Ebenda, S. 101
181)   Ebenda, S. 133
182)   Ebenda, S. 137
183)   Ebenda, S. 155
184)   Ebenda, S. 174
185)   Ebenda, S. 175
186)   Ebenda, S. 175
187)   Ebenda, S. 198
188)   Ebenda, S. 198
189)   Vgl. auch S. Freud: „Das Unbehagen in der Kultur" und „Das Ich und das Es"
190)   S. Freud: Über libidinöse Typen, S. 270f
191)   Ebenda, S. 271
192)   Ebenda, S. 269
193)   Ebenda, S. 271
194)   Ebenda, S. 271
195)   Th. Bonhoeffer: Das Christentum und die Angst – 30 Jahre später, S. 435
196)   O. Pfister: Psychoanalyse und Seelsorge, S. 84
197)   O. Pfister: Das Christentum und die Angst, S. XXXVII
198)   Ebenda, S. XXXVII
199)   O. Pfister: Psychoanalyse und Seelsorge, S. 84

200) E.L. Freud, H. Meng (Herausgeber): Sigmund Freud, Oskar Pfister – Briefe 1909-1939. (Auf alle folgenden Zitate aus diesen Briefen werde ich mit „Briefe" plus Seitenangabe verweisen.)

201) Freud an Pfister am 9.2.1909, Briefe S. 13

202) O. Pfister: Religionswissenschaft und Psychoanalyse, S. 4

203) O. Pfister: Psychoanalyse. In: RGG, Tübingen 1930, Sp.1634-1638

204) S. Freud: Zukunft einer Illusion, S. 170f

205) O. Pfister: Das Christentum und die Angst, S. XXXVIII

206) Pfister an Freud am 9.2.1929, Briefe S. 137

207) O. Pfister: Das Christentum und die Angst, S. XXXV

208) Ebenda, S. XXXVI

209) Ebenda, S. 24

210) Ebenda, S. 24

211) Ebenda, S. 24

212) Ebenda, S. 24

213) Ebenda, S. 24

214) Ebenda, S. 24

215) Ebenda, S. 24

216) Ebenda, S. 25

217) Ebenda, S. 25

218) Ebenda, S. 27

219) Ebenda, S. 22

220) Ebenda, S. 18

221) Ebenda, S. 23

222) S. Freud: Über „wilde" Psychoanalyse, 1910, Studienausgabe, Ergänzungsband, S. 136f

223) O. Pfister: Das Christentum und die Angst, S. XXXVIII

224) O. Pfister: Psychoanalyse und Seelsorge, S. 86

225) Pfister an Freud am 9.2.1919, S. 137

226) O. Pfister: Psychoanalyse und Seelsorge, S. 885f

227) Ebenda, S. 86

228) Ebenda, S. 85f

229) Freud an Pfister am 9.10.1918, Briefe S. 64

230) Freud an Pfister am 2.1.1919, Briefe S. 65

231) O. Pfister: Die Liebe des Kindes und ihre Fehlentwicklungen, S.44

232) Ebenda, S. 44

233) O. Pfister: Das Christentum und die Angst, S. 17

234) Ebenda, S. 18

235) Th. Bonhoeffer: Vorwort zu Pfisters „Das Christentum und die Angst", 2. Auflage, Frankfurt a.M. 1975, S. X

236) Freud an Pfister am 9.10.1918, Briefe S. 62

237) O. Pfister: Das Christentum und die Angst, S. 22
238) Ebenda, S. 22
239) S. Freud: 25. Vorlesung, S. 382
240) O. Pfister: Die Angst in der Tiefenseelsorge, S. 198
241) Ders.: Analytische Seelsorge, S. 10
242) Ders.: Das Christentum und die Angst, S. XXXIX
243) Ders.: Psychoanalytische Seelsorge, S. 20
244) Ders.: Analytische Seelsorge, S. 20
245) Ders.: Psychoanalyse und Seelsorge, S. 84
246) Ders.: Die Illusion der Zukunft, S. 155
247) Freud an Pfister am 9.10.1918, Briefe S. 64
248) Pfister an Freud am 29.10.1918, Briefe S. 64
249) Freud an Pfister am 22.10.1927, Briefe S. 120
250) O. Pfister: Das Christentum und die Angst, S. 153
251) Ders.: Die Angst in der Tiefenseelsorge, S. 199
252) O. Pfister: Das Christentum und die Angst, S. 447
253) Ebenda, S. 447f
254) Ebenda, S. 449
255) P. Tillich: Der Mut zum Sein, S. 89ff
256) Ebenda, S. 117ff
257) O. Pfister: Psychoanalyse und Weltanschauung, S. 43
258) Th. Bonhoeffer: Vorwort zu Pfisters: „Das Christentum und die Angst", S. XII
259) Freud an Pfister am 9.10.1918, S. 64
260) Freud an Pfister am 25.11.1928, Briefe 135
261) Ebenda, S. 136
262) S. Freud: Die Zukunft einer Illusion, S. 166
263) Freud an Pfister am 16.2.1929, Briefe S. 139
264) Pfister an Freud am 24.11.1927, Briefe S. 123
265) F. Riemann, S. 201
266) Vgl. ebenda, S. 201 sowie S. Freud: 24. Vorlesung, S. 373f

LITERATURVERZEICHNIS

Beauvoir, Simone de: Alle Menschen sind sterblich. Rowohlt Verlag, Hamburg 1970

Benz, Ernst: Die Angst in der Religion. In: Die Angst, Studien aus dem C.G.-Jung-Institut Zürich, Vortragszyklus 1958-1959

Bittner, Günther: Oskar Pfister und die „Unfertigkeit" der Psychoanalyse. In: Wege zum Menschen 25, Heft 11/12, Göttingen 1973

Bonhoeffer, Thomas: Das Christentum und die Angst – 30 Jahre später. In: Wege zum Menschen 25, Heft 11/12, Göttingen 1973

Cardinal, Marie: Schattenmund. Fischer Verlag, Hamburg 1979

DUDEN, Etymologie Bd. 7, Mannheim 1963

DUDEN, Sinn- und sachverwandte Wörter

Feuerbach, Ludwig: Das Wesen des Christentums. Ges. Werke, Band 5, Akademie-Verlag, Berlin 1873

Ders.:   Das Wesen der Religion (1846) Suhrkamp Verlag, Frankfurt am Main 1975

Ders.:   Vorlesungen über das Wesen der Religion (1851), Ges. Werke, Band 6, Akademie-Verlag, Berlin 1967

Freud, Ernst L. und **Meng, Heinrich** (Herausgeber): Sigmund Freud – Oskar Pfister, Briefe 1909-1939, Fischer Verlag, Frankfurt am Main 1963

Freud, Sigmund: Über die Berechtigung von Neurasthenie einen bestimmten Symptomenkomplex als „Angstneurose" abzutrennen (1895), Studienausgabe Bd. VI, Fischer Verlag, Frankfurt am Main 1982

Ders.: Drei Abhandlungen zur Sexualtheorie (1905). Studienausg. Bd. V

Ders.: Zwangshandlungen und Religionsübungen (1907). Studienausgabe Bd. VII

Ders.: Die „kulturelle" Sexualmoral und die moderne Nervosität (1908). Studienausgabe Bd. IX

Ders.: Über ‚wilde' Psychoanalyse (1910). Studienausgabe Ergänzungsband

Ders.: Totem und Tabu (1912-13). Studienausgabe Bd. IX

Ders.: 24. Vorlesung „Die Angst". In: Vorlesung zur Einführung in die Psychoanalyse (1917), Studienausgabe Bd. I

Ders.: Jenseits des Lustprinzips (1920). Studienausgabe Bd. III

Der.: Das Ich und das Es (1923). Studienausgabe Bd. III

Ders.: Hemmung, Symptom und Angst (1926). Studienausgabe Bd. VI

Ders.: Die Frage der Laienanalyse (1926). Studienausgabe Ergänzungsband

Ders.: Die Zukunft einer Illusion (1927). Studienausgabe Bd. IX

Ders.: Das Unbehagen in der Kultur (1927). Studienausgabe Bd. IX

Ders.: Über libidinöse Typen (1931). Studienausgabe Bd. V

Ders.: 32. Vorlesung „Angst und Triebleben". In: Neue Folge der Vorlesungen zur Einführung in die Psychoanalyse (1933). Studienausgabe Bd. I

Fromm, Erich: Psychoanalyse und Religion. (1950), dtv, München 1986

Ders.: Jenseits der Illusionen. Die Bedeutung von Marx und Freud. (1962), Rowohlt Verlag, Hamburg 1981

Ders.: Ich werdet sein wie Gott. Eine radikale Interpretation des Alten Testaments und seiner Tradition. (1966), Rowohlt Verlag, Hamburg 1980

Ders.: Sigmund Freuds Psychoanalyse – Größe und Grenzen. (1979), dtv, München 1986

Glaser, Hermann: Sigmund Freuds Zwanzigstes Jahrhundert. Seelenbilder einer Epoche. Materialien und Analysen. Fischer Verlag, Frankfurt am Main 1976.

Grimm, Jakob und **Wilhelm**: Deutsches Wörterbuch (1854), Bd. 1, Nachdruck der Erstausgabe, dtv, München 1984

Heiler, Friedrich: Die Religionen der Menschheit. Neu herausgegeben von Kurt Goldammer, Reclam, Stuttgart 1982

Hoffmeister, Johannes: Wörterbuch der philosophischen Begriffe. Felix Meiner Verlag, Hamburg 1956

Horney, Karen: Der neurotische Mensch unserer Zeit. (1951), Fischer Verlag 1984

Irwing, John E.G.: Pfister und Freud: Die Wiederentdeckung eines Dialogs. In: Wege zum Menschen 25, Heft 11/12, Göttingen 1973

Jäger, Hans Ulrich: Pfister und die Anfänge des religiösen Sozialismus. In: Wege zum Menschen 25, Heft 11/12, Göttingen 1973

Jung, Carl Gustav: Psychoanalyse und Seelsorge. In: Ethik, 5/1928, Erstes Heft, S. 7-12

Kienast, H.W.: Die Bedeutung der Tiefenseelsorge Oskar Pfisters. In: Wege zum Menschen 25, Heft 11/12, Göttingen 1973

Kierkegaard, Sören: Der Begriff Angst. Eine schlichte psychologisch-andeutende Überlegung in Richtung auf das dogmatische Problem der Erbsünde von Vigilius Haufniensis, Kopenhagen 1844. Herausgegeben von Emanuel Hirsch und Hayo Gerdes, Ges. Werke, 11. und 12. Abt., Köln 1983

Lexikon der Pädagogik, Bern 1950

Loch, Wolfgang: Begriff und Funktion der Angst in der Psychoanalyse. In: Zur Theorie, Technik und Therapie in der Psychoanalyse, Frankfurt am Main 1972

Mackensen: Deutsches Wörterbuch, München 1977

Marx, Karl: Die entfremdete Arbeit. Ökonomisch-philosophische Manuskripte aus dem Jahre 1844, MEW, Ergänzungsband, I. Teil, Berlin 1981

Ders.: Zur Kritik der Hegelschen Rechtsphilosophie, MEW, Band 1, Berlin 1983

Meerwein, Fritz: Diskussionsbeitrag auf der Oskar-Pfister-Tagung 26./27. 2. 1973, Zürich. In: Wege zum Menschen 25, Heft 11/12, Göttingen 1973

Metelmann, Volker: Oskar Pfister-Tagung Zürich 26./27. 2. 1973. In: Wege zum Menschen 25, Heft 11/12, Göttingen 1973

Neuhäusler, Erich: Angst vor der Weiblichkeit. In: Die Angst. Studien aus dem C.G. Jung-Institut Zürich, Vortragszyklus 1958-1959

Otto, Rudolf: Das Heilige – Über das Irrationale in der Idee des Göttlichen und sein Verhältnis zum Rationalen. Beck'sche Reihe, München 1979

Pfister, Oskar: Die Psychoanalyse als wissenschaftliches Prinzip und seelsorgerliche Methode. In: Evangelische Freiheit 10/1910

Ders.: Die Liebe des Kindes und ihre Fehlentwicklungen, Leipzig 1922

Ders.: Religionswissenschaft und Psychalyse, Gießen 1927

Ders.: Analytische Seelsorge, Göttingen 1927

Ders.: Die Illusion einer Zukunft. In: Imago, Bd. 14/1928

Ders.: Psychoanalyse und Weltanschauung, Leipzig 1928

Ders.: Psychoanalyse. In: Die Religion in Geschichte und Gegenwart (Handwörterbuch für Theologie und Religionswissenschaft), Tübingen 1930, Sp. 1634-1638

Ders.: Die Angst in der Tiefenseelsorge. In: Schweizer reformiertes Volksblatt, 75/1941, S. 198-201

Ders.: Das Christentum und die Angst. Eine religionspsychologische, historische und religionshygienische Untersuchung (1945). 2. Auflage, Ullstein Materialien, Frankfurt am Main/Berlin/Wien 1975

Rank, Otto: Das Trauma der Geburt und seine Bedeutung für die Psychoanalyse (1924), Internationaler Psychoanalytischer Verlag, Leipzig/Wien/Zürich, Band XIV der „Internationalen Psychoanalytischen Bibliothek". – Ungekürzte Ausgabe im Fischer Verlag, Frankfurt am Main 1988

Sanders, Daniel: Wörterbuch der deutschen Sprache, Hildesheim 1969

Schlesier, Renate: zitierte nach dem Manuskript für den Artikel „Angst" im „Handbuch religionswissenschaftlicher Grundbegriffe", Kohlhammer Verlag Stuttgart 1988. (Nach Fertigstellung dieser Arbeit veröffentlicht auf den Seiten 155-171.)

Dies.: Konstruktion der Weiblichkeit bei Sigmund Freud – Zum Problem der Entmythologisierung und Remythologisierung in der psychoanalytischen Theorie. Königstein 1981

Spitz, René A.: Vom Säugling zum Kleinkind. Naturgeschichte der Mutter-Kind-Beziehungen im 1. Lebensjahr. Klett-Cotta, Stuttgart 1987

Stettner, John W.: Pfister als Pastoraltheologe. In: Wege zum Menschen 25, Heft 11/12, S. 443-451, Göttingen 1973

Tillich, Paul: Der Mut zum Sein. In: Sein und Sinn, Gesammelte Werke Bd. XI, 3. Auflage, Evangelisches Verlagswerk GmbH, Stuttgart 1982

Tokarew, Sergej A.: Die Religion in der Geschichte der Völker, Pahl Rugenstein Köln / Dietz Verlag Berlin 1968

Wörterbuch der Pädagogik, Kröners Taschenausgabe, Bd. 94, 12. Auflage, 1982

Wolff, Hanna: Jesus als Psychotherapeut – Jesu Menschenbehandlung als Modell moderner Psychotherapie. Radius Verlag, Stuttgart 1986

Dies.: Jesus als Mann. Die Gestalt Jesu in tiefenpsychologischer Sicht. Radius Verlag, Stuttgart 1985

Zahrnt, Heinz (Herausgeber): Jesus und Freud. Symposium von Psychoanalytikern und Theologen. Piper Verlag, München 1972

Die Heilige Schrift des Alten und Neuen Testaments
Zürcher Bibel
Evangelische Haupt-Bibelgesellschaft zu Berlin
Verlag der Zwingli-Bibel, Zürich 1949

Die Bibel
oder die ganze Heilige Schrift
des Alten und Neuen Testaments
Nach der deutschen Übersetzung Dr. Martin Luthers
Berlin 1928

Hiermit versichere ich an Eides statt,
dass ich die vorliegende Arbeit
selbständig und ohne fremde Hilfe
und nur mit den angegebenen
Hilfsmitteln verfasst habe.

Danksagung

Ich danke allen, die mich ermutigt, unterstützt und mir geholfen haben, die Veröffentlichung meiner Magisterarbeit zu verwirklichen. Ich hoffe, dass wir diese schwierige Zeit gut überstehen, gesund bleiben oder restlos wieder gesund werden und uns dann wieder treffen können. Denn was *ich* vor allen Dingen in dieser Zeit gelernt habe, dafür bediene ich mich der folgenden Worte der indischen Dichterin Rupi Kaur:

unsere seelen

finden keinen trost darin

was wir leisten

wie wir aussehen

oder in all unserer harten arbeit

selbst wenn wir

alles geld der welt hätten

würde uns etwas fehlen

unsere seelen verlangt es nach gemeinschaft

im innersten sehnen wir uns nacheinander

wir müssen miteinander verbunden sein

um uns lebendig zu fühlen

(aus: home body – zu hause in mir)

Hoffnung
ist nicht die Überzeugung, dass etwas gut ausgeht,
sondern die Gewissheit, dass etwas Sinn hat,
egal wie es ausgeht.
Václav Havel

Für meinen Sohn Sandro Storbeck
und in Erinnerung an meinen Neffen Wolfgang Goethe